RELIGIONEN
VERSTEHEN

CHRISTENTUM

RELIGIONEN
VERSTEHEN

CHRISTENTUM

Rosemary Drage Hale

FLEURUS
IDEE

EINLEITUNG

Kurze Zeit nachdem der jüdische Prediger und Wunderheiler Jesus von Nazareth um das Jahr 30 unserer Zeitrechnung gekreuzigt worden war, entstand eine neue religiöse Bewegung, die die Welt für alle Zeiten verändern sollte. Seine Jünger und Anhänger glaubten, Jesus sei nach seiner Kreuzigung von den Toten auferstanden. Sie sahen in ihm den von Gott gesandten Christus bzw. Messias („der Gesalbte"), den Erlöser der Menschheit. Aus dieser „Jesusbewegung" entstand das Christentum, das zur größten der Weltreligionen heranwuchs und mit fast zwei Milliarden Gläubigen in nahezu jedem Land der Erde vertreten ist.

Von seinen Grundsätzen her ist das Christentum eine monotheistische Weltanschauung. Im Mittelpunkt steht der Glaube an einen einzigen Gott bzw. an Jesus Christus. Dem christlichen Glauben zufolge nahm Gott in der Person des Jesus von Nazareth Menschengestalt an. Der Glaube an die Dreieinigkeit – das Mysterium von Vater, Sohn und Heiligem Geist als dem Einen, Dreifaltigen Gott – ist für das Christentum von zentraler Bedeutung.

Es gibt Hunderte christlicher Gruppierungen bzw. „Konfessionen". Die wichtigsten sind die römisch-katholische Kirche sowie die orthodoxen und die protestantischen Kirchen. Die Katholiken unterwerfen sich der Autorität des Papstes, ihrem in Glaubensfragen als unfehlbar geltenden

Oberhaupt. Die Ausübung des Glaubens ist für sie durch eine Vielzahl von Vorschriften geregelt. Deren Kern bilden sieben „Sakramente“. Das sind Handlungen, durch die sich die Gnade Gottes vermittelt: Taufe, Eucharistie, Firmung, Beichte, Ehe, Priesterweihe und Letzte Ölung.

Die orthodoxen Kirchen des Ostens haben zwar viel mit der römisch-katholischen Kirche gemeinsam, sind aber stärker frühchristlichen Traditionen verhaftet und lehnen die Vorstellung eines einzelnen Kirchenoberhaupts ab. Stattdessen werden die orthodoxen Kirchen von Bischöfen, Patriarchen und Synoden (Kirchenversammlungen) regiert. Im Gegensatz zu ihren römisch-katholischen Kollegen dürfen orthodoxe Priester verheiratet sein, sofern die Eheschließung vor ihrer Priesterweihe stattfand. Auch beim orthodoxen Ritus stehen die Sakramente im Mittelpunkt. Außerdem spielen Ikonen (Kultbilder) eine bedeutende Rolle, dienen diese doch als wichtige spirituelle Stützen.

Die Anfänge der protestantischen Bewegung liegen im 16. Jh., als Martin Luther und andere Reformatoren eine Reihe von Glaubenspraktiken der römischen Kirche in Zweifel zogen. Der Protestantismus entwickelte sich zu einer vielfältigen und weit verzweigten Richtung innerhalb des Christentums. Er wird durch unterschiedliche Auffassungen zu Fragen der Kirchenverwaltung, des Priestertums, der Eucharistie, Heiligenverehrung, Taufe und

Koptische Geistliche und ein Kind in den Armen seiner Mutter (Bilyana, Ägypten)

Erlösung geprägt. Allen Protestanten ist gemeinsam, dass sie den Papst als Kirchenoberhaupt ablehnen und in Glaubensfragen den Text der Bibel als höchste Autorität betrachten. Zudem werden nur zwei Sakramente anerkannt (Taufe und Abendmahl). Im Allgemeinen übernehmen Laien im protestantischen Kirchenleben weit bedeutendere Funktionen als in der katholischen Kirche. Noch vor 30 Jahren konnte man davon ausgehen, dass wer immer sich als „Katholik", „Methodist", „Baptist" usw. bezeichnete, mit anderen Gläubigen gleicher Konfession eine Weltanschauung teilte. Dies ist heute nicht mehr der Fall. Fragen zur Haltung der Kirche im Hinblick auf Homosexualität, Liturgie, Priesterweihe für Frauen und Abtreibung sind heftig umstritten. In vielen Kirchen stehen zur Zeit „Fundamentalisten“ und „Liberale“ im Widerstreit. Andererseits gibt es starke Kräfte, die bemüht sind, die Einheit der Christen in den Vordergrund zu stellen. Seit 1948 arbeitet der Weltkirchenrat auf ein Miteinander all jener Kirchen hin, die Jesus als Gott anerkennen. Darüber hinaus berät er Organisationen wie die Vereinten Nationen.

Trotz der mitunter radikalen Unterschiede zwischen den einzelnen christlichen Konfessionen gibt es neben der grundlegenden Religionslehre und den Schriften eine Reihe weiterer Punkte, in denen sich alle Christen weitgehend einig sind. So dürften etwa alle darin übereinstimmen, dass die „Gemeinschaft“ für den christlichen Glauben von hoher Bedeutung ist. Auch die Frage der wesentlichen christlichen Tugenden ist unstrittig: „Glaube, Hoffnung, Liebe“ (1 Korinther 13, 13). Des Weiteren ist man sich darin einig, dass ein Christ sein Leben so weit als möglich dem Vorbild Christi entsprechend führen sollte.

Grundsätzlich ist das Christentum eine lebensbejahende Religion. Die Menschwerdung Gottes wird als Licht in der Dunkelheit der Welt begriffen, die Auferstehung gilt als freudiges Zeichen der Hoffnung.

KAPITEL EINS

URSPRÜNGE UND GESCHICHTE

Die Geschichte von Geburt, Leben, Tod und Auferstehung Jesu bildet den Glaubenskern aller christlichen Konfessionen. Als Hauptquellen dienen die neutestamentlichen Evangelien nach Matthäus, Markus, Lukas und Johannes. Sie wurden in erster Linie verfasst, um Jesus als Sohn Gottes und Erlöser der Menschheit zu verkünden. Als historisch gesichert gilt, dass Jesus während der Regentschaft Herodes des Großen zur Welt kam; die Eltern waren eine Frau namens Maria und ein Zimmermann mit Namen Josef. Letzterer wuchs im Norden Palästinas auf; beide waren fromme Juden.

Im Laufe der Jahrhunderte kam es nicht zuletzt durch politische Umwälzungen und kirchliche Reformen zur Ausbildung einer Vielzahl verschiedener Formen und Richtungen innerhalb des Christentums.

LINKS: Ausschnitt aus Christus, der Erlöser, *einer Ikone aus dem 13. Jh. Sie stammt aus dem Chilandar-Kloster auf dem Berg Athos, Griechenland*

Die biblischen Berichte von der Geburt Jesu und seiner erst im Erwachsenenalter erfolgten Taufe sprechen ihm eine göttlich-mystische Aura zu. Nach seiner Taufe begann er zu predigen und scharte zunächst zwölf Jünger um sich, die Apostel. Nach seinem Tod bewahrten diese sein Andenken und verkündeten den Glauben an Jesus, den Erlöser. Die Evangelien berichten vom Leben Jesu, der als Prophet Wunder wirkte, was als Beweis seines Erlösertums gilt.

Es besteht weitgehende Einigkeit darüber, dass Jesus in Jerusalem zur Zeit des jüdischen Pessachfestes durch einen seiner Jünger verraten wurde. Nach der Festnahme und einem Kreuzverhör übergab man Jesus dem römischen Statthalter Pontius Pilatus. Dieser befand ihn für schuldig, sich als König der Juden ausgegeben zu haben, was nach jüdischem Gesetz Gotteslästerung und nach römischem Recht Verrat am Kaiser bedeutete. Man verurteilte Jesus zum Tode am Kreuz. Bereits kurz nach der Kreuzigung verkündete eine kleine Gruppe von Juden, Jesus sei von den Toten auferstanden. Somit habe sich Israels Hoffnung auf das Kommen des Erlösers erfüllt.

Seinen größten Erfolg verzeichnete das Christentum durch die Bekehrung von Nichtjuden, doch wurzelt die Religion eindeutig in jüdischen Traditionen. Anfänglich waren die meisten der Gläubigen palästinensische Juden, doch bereits nach zwei Jahrzehnten war die Missionierung von Nichtjuden, den Heiden, in vollem Gange. Diese Missionsgeschichte beginnt mit einem Juden namens Saulus (Griechisch: Paulus), der u.a. Griechisch sprach und römischer Staatsbürger war. Saulus wohnte als „Staatsanwalt" in Jerusalem der Steinigung des heiligen Stefan bei. Kurze Zeit nach diesem Ereignis erschien ihm Jesus im Traum, um ihn zu bekehren (Apostelgeschichte 9, 1–19; 22, 5–16). Während seines gesamten restlichen Lebens missionierte er die Heiden in Griechenland und Kleinasien – er war zum Paulus geworden und einer der Ersten, die über den christlichen Glauben und seine Unterschiede zu den Gesetzen und Riten des Judentums nachdachten.

In den Augen der Römer galt als Verräter, wer sich zum christlichen Glauben bekannte. Zahlreiche Christen starben den Märtyrertod; doch führten solche Hinrichtungen auch dazu, dass die neue Religion über das Römische Reich hinaus bekannt wurde und deren Anhänger sich fester zusammenschlossen. Die Christenverfolgung endete offiziell erst mit dem Edikt von Mailand, in dem Kaiser Konstantin im Jahr 313 Toleranz gegenüber allen Religionen verfügte. Bereits 392 erklärte Theodosius I. das Christentum zur alleinigen Staatsreligion des Römischen Reichs.

Dieser Aufstieg des Christentums fällt in die „patristische" Epoche. Die Bezeichnung ist den Kirchenvätern (*Patres Ecclesiae*) zu verdanken, jenen großen Theologen, deren Werke die christliche Glaubenslehre entscheidend prägten. Der einflussreichste war Augustinus (354–430), seinerzeit u.a. Bischof von Hippo in Nordafrika. Bereits damals setzte man Bischöfe ein, die ihrerseits die geistigen Oberhäupter der Gemeinden bildeten. Dabei galten die Bischöfe von Rom, Antiochia, Jerusalem, Konstantinopel und Alexandria als „Patriarchen" der Kirche.

Um sich entfalten zu können, benötigte die Frühkirche ein einheitliches System von Glaubenssätzen und einen Schriftenkanon. Die kirchliche Orthodoxie (Rechtgläubigkeit) wurde von Bischöfen und Theologen festgelegt, die zusammenkamen, um Themen wie die Dreifaltigkeit, das Zölibat, die Rolle der Frau, die Verbindlichkeit der Schriften und die Form der Liturgie zu diskutieren.

Während der ersten fünf Jahrhunderte bildete die christliche Kirche eine Einheit. Zwei strittige Punkte (die Frage der päpstlichen Autorität und der Ikonenverehrung) führten dann jedoch zur Kirchenspaltung (Schisma); die Christenheit zerfiel in eine östliche (orthodoxe) und eine westliche (römische) Kirche. Weil sich die Gemeinde von Byzanz im Jahr 1054 weigerte, Papst Leo IX. gebührend zu ehren, wurde die gesamte Ostkirche exkommuniziert.

Im Jahr 1095 nahm eine Reihe so genannter Kreuzzüge ihren Anfang. Es handelte sich um militärische Feldzüge, unternommen in der Absicht, inzwischen in Palästina heimisch gewordene Muselmanen von dort zu vertreiben. Durch die Begegnung mit dem Islam und der arabischen Wissenschaft geriet die abendländische Kultur aber auch neuerlich mit den philosophischen Traditionen der griechischen Antike in Kontakt. Die Wiederaneignung längst verloren geglaubten Kulturguts belebte das christliche Denken. Dies zeigt sich nicht zuletzt an den Werken der zusammenfassend als „Scholastiker" bezeichneten Theologen. Der führende Philosoph dieser Denkrichtung war wohl Thomas von Aquin (1225–1274; s. S. 27).

Die Blüte der christlichen Lehre im Mittelalter ging mit der Gründung großer europäischer Universitäten einher; gleichzeitig erhielt das Mönchstum neue Impulse. Der heilige Benedikt von Nursia (480–550), Begründer des Benediktinerordens, verfasste seinerzeit einen spirituellen Leitfaden für Mönche und Nonnen. Diese Benediktregel gilt auch heute noch als Grundlage des abendländischen Mönchtums. Im 13. Jh. führten Reformen zur Entstehung neuer Orden. Dazu zählten auch die Bettelorden der Dominikaner und der Franziskaner, die sich das Ziel gesetzt hatten, Jesu Christi und dessen Jünger nachzueifern und ihr Leben in Armut und Bescheidenheit zu führen.

Reformatoren wie John Wycliffe (1330–1384) in England und Jan Hus (1373–1415) in Böhmen waren ihrerseits Wegbereiter der großen Reformation durch Martin Luther

Diese Illumination einer zu den Wiener Krönungsevangeliarien gehörenden Handschrift aus dem 9. Jh. zeigt die vier Evangelisten (Matthäus, Markus, Lukas und Johannes).

(1483–1546). Der Augustinermönch aus dem deutschen Wittenberg kritisierte in seinen „95 Thesen“ die römische Kirche wegen ihres Ablasshandels (s. S. 20–21) heftig. Trotz des Widerstands der Kirche gewann die deutsche Reformbewegung schnell Zuspruch. Binnen weniger Jahre war die westliche Christenheit unversöhnlich gespalten. 1529, auf dem Reichstag zu Speyer, kam es zu einem feierlich deklarierten Protest gegen die Unterdrückung der Reformationsanhänger. Die Unterzeichner wurden als „Protestanten“ bezeichnet: Diesen Namen tragen die Mitglieder der evangelischen Kirchen bis heute.

Der Protestantismus, der im Grundsatz die Autorität der Schrift über alles Übrige stellt, entwickelte sich in verschiedene Richtungen. Radikale Reformatoren wie Ulrich Zwingli (1484–1531) oder Johannes Calvin (1509–1564) wandten sich gegen die Bilderverehrung, gegen bestimmte Aspekte der Liturgie und gegen das Zölibat. Im Unterschied zu Luther glaubte Calvin an die göttliche Vorsehung, wonach vorausbestimmt ist, welche Gläubigen erlöst werden. Die Entstehung der anglikanischen Kirche von England geht auf die Weigerung des Papstes zurück, eine der Ehen des englischen Königs Heinrich VIII. (regierte 1509–1547) aufzulösen.

Die protestantische Reformation führte zu einer als „Gegenreformation“ bekannten Erneuerung der römisch-katholischen Kirche. In der Folge des Tridentinischen Konzils (1545–1563) unterband die innerkirchliche Reformbewegung viele der von den Reformatoren kritisierten Praktiken (etwa den Ablasshandel; s. S. 20–21). Es entstanden auch neue Orden, z. B. die strenge und intellektuell ausgerichtete Gesellschaft Jesu, kurz Jesuiten genannt, die unter Leitung ihres Gründers Ignatius von Loyola (1491–1556) Seelsorge und Missionsarbeit in den Vordergrund zu stellen versuchte. Gleichwohl wurden im Zuge der Gegenreformation die Vorrangstellung der Priester und der Sakramente sowie die Autorität des Papstes nachdrücklich bekräftigt.

Reformation und Gegenreformation fielen mit dem Beginn der Kolonialisierung Amerikas zusammen. Die „Neue Welt" bot all jenen Zuflucht, die in ihrer Heimat aufgrund ihrer religiösen Überzeugungen verfolgt wurden. Andererseits folgten eifrige Missionare im Verlauf der Erweiterung des europäischen Machtbereichs dem christlichen Gebot, „alle Völker zu Jüngern" zu machen (Matthäus 28, 19) und übten damit maßgeblichen Einfluss auf die weltweite Verbreitung des christlichen Glaubens aus.

Heute umfasst der Begriff „Protestantismus" eine Vielzahl teils sehr unterschiedlicher evangelischer Kirchen: Lutheraner, Baptisten, Methodisten, Presbyterianer, Anglikaner, Quäker, Mennoniten, Mormonen und die Anhänger der „Christian Science". Ebenso wie einige andere Gruppen feiern auch die Siebenten-Tags-Adventisten den Sabbat am Samstag. Darüber hinaus halten sie gewisse Speisevorschriften des Alten Testaments ein. Konfessionen wie „Zeugen Jehovas" werden als „millenaristisch" bezeichnet, glauben ihre Anhänger doch, Christus kehre für die apokalyptische Schlacht von Armageddon zurück, um sein Tausendjähriges Reich (Millennium) zu errichten. Einige protestantische Kirchen zählen zur evangelikalen Richtung und begreifen sich als in Christus „Wiedergeborene".

Eine zur Zeit rasch wachsende Gruppe ist die Pfingstbewegung. Der Name verweist auf die bedeutsame Rolle des Heiligen Geistes, der die Apostel erleuchtete. Die Pfingstler streben den Zustand religiöser Verzückung an und berufen sich insbesondere auf die Verkündigung der Frohen Botschaft (Evangelium) und das durch den Geist Gottes geleitete Handeln der Christen in der Gemeinde.

Eine allgemeine Verweltlichung und nicht zuletzt die Industrialisierung veränderten die Rolle der Kirche in der Gesellschaft erheblich. Dass der christliche Glaube dennoch lebendig ist, verdeutlicht u.a. der stetige Reformprozess. Gegenwärtig begreifen sich mehr als 400 Glaubensgemeinschaften als christlich. Gleichzeitig stellt diese Vielfalt aber auch eine der größten Herausforderungen dar, der sich die Christenheit in der heutigen Welt stellen muss.

Martin Luthers Thesen zum Ablasshandel

„25. Gleiche Gewalt, wie der Papst hat über das Fegefeuer insgemein, haben auch ein jeder Bischof und Seelsorger in seinem Bistum und seiner Pfarrei insbesondere.
33. Vor denen soll man sich sehr wohl hüten (...), die da sagen, des Papstes Ablass sei die höchste (...) Gottesgnade (...), dadurch der Mensch mit Gott versöhnt wird.
36. Ein jeder Christ, der wahre Reue und Leid hat über seine Sünden, der hat völlige Vergebung von Strafe und Schuld, die ihm auch ohne Ablassbrief gehört.
37. Ein jeder wahrhaftige Christ (...) ist teilhaftig aller Güter Christi und der Kirche, aus Gottes Geschenk, auch ohne Ablassbriefe.
41. Vorsichtig soll man von dem päpstlichen Ablass predigen, damit der gemeine Mann nicht fälschlich dafür halte, dass er den anderen Werken der Liebe vorgezogen oder besser geachtet werde.
42. (Es ist) mitnichten des Papstes Meinung, dass Ablasslösen einem Werke der Barmherzigkeit irgendwie zu vergleichen sei.
44. (D)urch das Werk der Liebe wächst die Liebe und der Mensch wird besser; durch den Ablass aber wird er nicht besser, sondern nur (...) freier von Strafe.“

Aus: *Disputatio Declaratione Virtutis Indulgentiarum*, von Martin Luther, in *Werke*, Bd. 1, Weimar 1883, S. 233–238

Kommentar

Diese Zeilen entstammen Martin Luthers Disputationsthesen zur Macht und Wirkung von Ablässen, einem für die Entstehung des Protestantismus grundlegenden Dokument. Luther war überzeugt, die römische Kirche verleite die Menschen zu dem irrigen Glauben, man könne sich die Erlösung durch Ablassbriefe erkaufen. Der Überlieferung zufolge schlug Luther im Oktober 1517 seine 95 Thesen zum Ablasshandel an die Pforte der Kirche in Wittenberg.

Der Handel mit Ablassbriefen, durch die Sünden, die normalerweise mit dem Fegefeuer bestraft werden, erlassen werden sollten, hatte im Rahmen der christlichen Glaubenspraxis eine lange Tradition. So gewährte der Papst bereits beim ersten Kreuzzug den Soldaten vollkommenen Ablass zum Dank für ihre Dienste zum Wohle der Kirche. Mitte des 16. Jh. blühte der Ablasshandel in ganz Europa und der zunehmende Missbrauch dieser Praxis gab schließlich den Anstoß zur Reformation.

Luther predigte zudem, dass das Verhältnis der Menschen zu Gott abhängig sei vom Glauben des Einzelnen an die erlösende Menschwerdung Jesu Christi – und nicht von der Vermittlung der Kirche in Form der Sakramente.

KAPITEL ZWEI

ASPEKTE DES GÖTTLICHEN

„Im Anfang war das Wort, und das Wort war bei Gott, und Gott war das Wort (…) Und das Wort wurde Fleisch und wohnte unter uns, und wir schauten seine Herrlichkeit." Wenngleich viele Theologen bezweifeln, dass diese ersten Zeilen des Johannesevangeliums authentisch sind, würden wohl die wenigsten ihre Bedeutung für das Verständnis des Christentums bestreiten. In diesen Zeilen klingt zwar das Echo der ersten Worte der jüdischen Bibel an („Im Anfang schuf Gott den Himmel und die Erde"), zugleich verweisen sie aber auf einen bedeutsamen Unterschied zwischen Christentum und Judentum: Die Gottheit wurde „Fleisch", Gott nahm also in Jesus menschliche Gestalt an. Eines der grundlegenden Geheimnisse der christlichen Lehre ist, dass die Gottheit gleichermaßen als göttlich und menschlich gilt.

LINKS: Die Heilige Dreifaltigkeit *eines ungarischen Malers aus dem 14. Jh., bekannt als „Meister der Dreifaltigkeit": Gottvater auf dem Thron hält seinen gekreuzigten Sohn, über dessen Haupt der Heilige Geist in Form einer weißen Taube schwebt.*

Die christliche Theologie ist äußerst vielschichtig und verfügt über zahlreiche Ansätze. Dogmatik und Moraltheologie sind ihre entscheidenden Disziplinen. In der Dogmatik, der wissenschaftlichen Darstellung der Glaubenslehre, werden die grundlegenden Doktrinen und Glaubenssätze festgelegt. So beschäftigt man sich etwa mit der zentralen Frage der aus Vater, Sohn und Heiligem Geist bestehenden Dreieinigkeit Gottes. Es herrscht allgemeine Übereinstimmung, dass in der Bibel an keiner Stelle ausdrücklich von der Dreifaltigkeit die Rede sei. Die Evangelien von Matthäus, Markus und Lukas betonen die Menschwerdung Christi, während für Johannes dessen Göttlichkeit im Vordergrund steht. Auch die Theologen der Frühzeit betonten die Göttlichkeit Jesu. Zu klären war jedoch, inwiefern das Christentum als monotheistische Religion gelten konnte, wenn Jesus ebenso wie Gottvater als göttlich begriffen wurde. Bereits im 3. Jh. verwendete Tertullian (um 160–um 222) im theologischen Diskurs den Begriff *trinitas* („Dreifaltigkeit") und erklärte, dass Gott „ein Wesen" sei, das aus „drei Personen" bestünde. Origenes (185–254) wiederum machte geltend, das Christentum basiere auf dem Glauben an die Einheit eines transzendenten Gottes, der die Menschheit geschaffen habe und in Ewigkeit mit dem Sohn und dem Heiligen Geist existiere. Bis zum 4. Jh. hatte sich unter den damaligen Theologen die orthodoxe Meinung durchgesetzt, Gott sei als Dreieinigkeit zu verstehen. Diese Doktrin ist in den ersten Zeilen des so genannten Athanasianischen Glaubensbekenntnisses wieder zu finden. Die Kappadokischen Väter – kleinasiatische Theologen, deren Schriften noch heute eine große Bedeutung für die Ostkirchen besitzen – waren sich mit der Westkirche uneins in der Frage der Zeugung des Sohnes und des „Ausströmens" des Heiligen Geistes. Im Mittelpunkt des Schismas zwischen Ost- und Westkirche stand die Frage, ob der Geist, wie man im Osten glaubte, vom Vater *durch* den Sohn ausgeströmt sei oder eine Ausströmung des Geistes von Vater *und* Sohn erfolgt war, so die westliche Auffassung.

Die Moraltheologie, ihrerseits in christlichen Dogmen wurzelnd, gilt als die wissenschaftliche Darstellung der Sittenlehre. Dabei geht es darum, die Gesetze Gottes und die Beziehung des Menschen zu Gott darzulegen und zu erläutern. Die theologische Forschung kann auf eine lange Geschichte verweisen, die bis in die frühchristliche Zeit zurückreicht. Innerhalb eines weit gesteckten Rahmens behandeln Theologen systematisch alle Themen, soweit sie ihnen im Hinblick auf die Glaubenslehre bedeutsam erscheinen. Zwar enthält auch das Neue Testament theologische Erörterungen, doch entwickelte sich die Theologie erst mit den „Kirchenvätern" in der Frühzeit des Christentums zu einem eigenständigen Wissenszweig.

Die Verzückung der heiligen Theresia *von Gian Lorenzo Bernini (1598–1680) stellt dar, wie die Seele der Heiligen von Gottes Liebe durchdrungen wird.*

Jahrhunderte später, mit dem Aufkommen der europäischen Universitäten im Mittelalter, wurde die Theologie gar zur „Königin der Wissenschaften" erkoren. In diesem Umfeld entstand auch die „Scholastik", die mittels syllogistischer Schlüsse systematisch zu theologischen Einsichten zu gelangen versuchte. Führend unter den Scholastikern war der heilige Thomas von Aquin (1225–1274),

Verfasser der *Summa Theologica* („Die Summe der Theologie"). Thomas von Aquin versuchte hier, die in Westeuropa dank arabischer Wissenschaftler neu entdeckte altgriechische Philosophie mit dem christlichen Glauben in Einklang zu bringen. Im Zuge der Reformation entwickelte sich die theologische Forschung in höchst unterschiedliche Richtungen. Auch von Seiten der Wissenschaft und der zeitgenössischen Philosophie sah sich das theologische Denken immer wieder neu herausgefordert. Der als Begründer der protestantischen Theologie geltende Friedrich Schleiermacher (1768–1834) vertrat den Standpunkt, man müsse den Glauben als Ausdruck des menschlichen Gefühls der Abhängigkeit von einem unendlichen Wesen begreifen. Ludwig Feuerbach, der Verfasser des Werks *Das Wesen des Christentums* (1841), behauptete, Gott sei lediglich eine geistige Projektion, Abbild menschlicher Hoffnungen und Bedürfnisse. Paul Tillich (1886–1965) wiederum sah die christliche Theologie im Kontext der modernen Welt des 20. Jh. Er begriff den christlichen Glauben als eine von vielen Möglichkeiten, sich mit den „Grundfragen" von Gott und Dasein auseinander zu setzen.

Die christliche Mystik, im Grunde theistisch, handelt von der überweltlichen Wirklichkeit Gottes und betont üblicherweise die göttliche Liebe. Insgesamt vom christlichen Gottesbild geprägt, spiegelt sich hier die Beziehung

Gottes zur Seele. Man ordnet das umfangreiche Schrifttum der christlichen Mystik gemeinhin zwei Strömungen zu: zum einen der theoretisch orientierten mystischen Philosophie, zum anderen der empirisch ausgerichteten angewandten Mystik. Gemeinsam ist der gesamten mystischen Literatur des Christentums die Überzeugung von der letztlichen Unbeschreibbarkeit der mystischen Vereinigung mit Gott. In der philosophischen Mystik wird deren Wesen analysiert, während man in der praktischen Mystik die mystische Erfahrung selbst metaphorisch thematisiert.

Wenngleich sich die persönlichen Berichte über mystische Erfahrungen in ihren Einzelheiten stark voneinander unterscheiden, versuchen doch alle christlichen Mystiker auf die eine oder andere Art, ein ihnen unmittelbares Bewusstsein von der Gegenwart Gottes zu beschreiben, von Theologen und Gelehrten allgemein als „mystische Vereinigung" (Lateinisch: *unio mystica*) bezeichnet. Die mystische Vereinigung erfordert nicht nur eine längere Vorbereitungsphase, sondern auch einen Lebensweg, der mit einer „Erweckung" beginnt. Es folgt eine Zeit der Reinigung, eine „Erleuchtung" und schließlich die Erfahrung der Vereinigung selbst. Der Weg dorthin ist ein innerer, von der Welt abgewandter.

Die Wurzeln der christlichen Mystik liegen in der Heiligen Schrift. Insbesondere Paulus lehrte, ein Christ könne durch die Liebe Christi die Gegenwart Gottes erfahren. Obwohl die frühchristliche Mystik nicht zuletzt auf Elemente der Kontemplation (der inneren Sammlung) setzte, war sie doch, auf griechischem und römischem Denken aufbauend, rational bzw. philosophisch ausgerichtet.

Im Mittelalter erlebte die Mystik ihre Blüte. Die Mystiker sahen sich als Werkzeuge Gottes und während sie selbst ein weltabgewandtes Leben führten, suchten Päpste und weltliche Herrscher ihren Rat. Zu den berühmtesten Mystikern der damaligen Zeit zählt die herausragende Äbtissin Hildegard von Bingen (1098–1179), die ihre prophetischen und apokalyptischen Visionen mit Hilfe von Allegorien und Symbolen wiederzugeben versuchte. Der französische Mystiker und Heilige Bernhard von Clairvaux (1090–1153) bediente sich der Bildersprache des biblischen Hohen Liedes und stellte die Vereinigung Christi mit der Seele als Hochzeit dar. In Italien pflegte der heilige Franz von Assisi (1181–1226), der Begründer des Franziskanerordens, eine mystische Praxis, die im Gedenken der „Nachfolge Christi" geübt wurde. In seinem Bericht von der Offenbarung der Glaubenswahrheiten konzentrierte sich Julian von Norwich (1342 – um 1415), einer der zahlreichen englischen Mystiker des Mittelalters, auf die Unendlichkeit und Unermesslichkeit der Liebe Gottes und griff dabei auf das Bild eines mütterlichen Christus zurück.

Zahlreichen Berichten zufolge kann der Zustand mystischer Verzückung von verschiedenen körperlichen Erscheinungen wie beispielseise Ohnmacht, Levitation (freies Schweben), Weinkrämpfen und Trance begleitet sein. Solche Zustände gelten als Ergebnis göttlichen Wirkens in der Seele, bedürfen aber geschärfter sinnlicher Fähigkeiten. Im 13. Jh., als man die Erinnerung an den leidenden Christus besonders pflegte, erschien mit dem heiligen Franz der erste Mystiker, dessen Körper so genannte Stigmata aufwies. Diese Wunden entsprachen den Wundmalen Christi, des Gekreuzigten. Die heilige Teresa von Avila, eine spanische Mystikerin, die u. a. auch als Reformerin des Karmeliterorden hervortrat und im 16. Jh. lebte, vertrat den Standpunkt, religiöse Verzückung stelle ein Stadium auf dem Weg zur *unio mystica* mit Gott dar. Ihre autobiografischen Schriften und ihre Abhandlung zum Pfad der Mystik, *Las moradas/Castillo interior* („Wohnungen/Seelenburg, innere Burg") entstanden in der turbulenten Epoche der spanischen Inquisition. Aus diesem Grund enthalten sie nur sehr zurückhaltend formulierte Beschreibungen religiöser Verzückung und Entrückung.

In der östlichen Orthodoxie spielt die kontemplative Mystik bis heute eine große Rolle. Man übt sich beispielsweise in einer Meditationstechnik, zu der das „Immerwährende Jesusgebet" gehört, die unablässige Wiederholung des Satzes „Herr Jesus, Sohn des lebendigen Gottes, erbarme dich des Sünders, der ich bin.“ Das Gebet stammt aus dem 5. Jh. und wird noch immer in orthodoxen Kirchen gesprochen. Dies geschieht mit stiller Konzentration und wird als „Hesychasmus“ (vom griechischen Wort für „Ruhe“) bezeichnet, da die Betenden in einen Zustand geistiger Ruhe geraten können, in dem sie des Wesens Gottes teilhaftig werden. Der berühmte Heilige Gregor Palamas (1296–1359) zählte zu jenen Mystikern, die von dieser Verbindung mit dem Göttlichen berichteten. Der Betende hofft demnach u. a. auch auf die Erfahrung, dass ihm das „Licht Gottes“ bewusst werde. Dieses Licht entspreche dem der Verklärung (Transfiguration) Jesu (Matthäus 17, 1–9 und parallele Stellen bei Markus 9, 2–13 und Lukas 9, 28–36).

Viele Protestanten standen der Mystik eher ablehnend gegenüber, wenngleich manche, etwa der Lutheraner Jakob Böhme (1575–1624), von Erlebnissen mystischer Vereinigung berichteten. Böhme, einer der einflussreichsten Mystiker, behauptete, das Wissen um die Natur der göttlichen Dreifaltigkeit erfahren zu haben. In jüngerer Zeit nahmen christliche Mystiker auch Bezug auf mystische Traditionen außerhalb des Christentums. Thomas Merton (1915–1968) wurde vom Buddhismus inspiriert. Bis heute spricht die Mystik vor allem jene Christen an, die sich bemühen, die tiefen Geheimnisse der Vereinigung mit Gott zu erfahren.

Die Wesenheit Jesu nach dem Konzil von Chalcedon

„(Wir bekennen) alle übereinstimmend als Einen und denselben Sohn unseren Herrn Jesus Christus (...) Derselbe ist vollkommen in der Gottheit und derselbe vollkommen in der Menschheit, zugleich wahrhaft Gott und wahrhaft Mensch aus Vernunftseele und Leib, mit dem Vater wesenseins der Gottheit nach und zugleich mit uns wesenseins der Menschheit nach, in jeder Hinsicht uns ähnlich, ausgenommen die Sünde. Vor den Zeiten aus dem Vater geboren der Gottheit nach, ist derselbe am Ende der Tage um unseretwillen und unseres Heiles wegen aus Maria der Jungfrau. (D)er Menschheit nach (ist er Ein) und (derselbe) Christus, Sohn, Eingeborene, in zwei Naturen unvermischt, unverwandelt, ungetrennt, ungesondert erkannt, wobei keineswegs die Verschiedenheit der Naturen um der Einung willen aufgehoben wird, sondern die Eigentümlichkeit einer jeden Natur erhalten bleibt und sich zu einer Person und einer Hypostase verbindet, nicht als in zwei Personen gespalten und getrennt, sondern als einen und denselben Sohn, Eingeborenen, Gott, Logos, Herrn, Jesus Christus."

Aus: *Kompendium der Glaubensbekenntnisse und kirchlichen Lehrentscheidungen*, von Heinrich Denzinger, hrsg. v. Peter Hünermann u. a., 40. Aufl., Freiburg: Herder, 2005

Kommentar

In den ersten Jahrhunderten der Christenheit kam es zu zahlreichen Auseinandersetzungen über das Wesen und die Identität Jesu Christi. Im Jahr 325 n. Chr. versammelten sich die Bischöfe in Nicäa zu einem ökumenischen Konzil, um eine einvernehmliche Lösung zu finden. Hauptanliegen des Konzils war es, das Neue Testament im Hinblick auf das Verhältnis Jesu zum Logos („die Vernunft Gottes", meist übersetzt als „Wort") und zu Gottvater zu verstehen bzw. zu deuten. Das Konzil schloss mit einem Glaubensbekenntnis, das bis heute Bestand hat: „Wir glauben an den einen Gott, den Vater, den Allmächtigen, der alles geschaffen hat, die sichtbare und die unsichtbare Welt. Und an den Einen Herrn Jesus Christus, Gottes eingeborenen Sohn, aus dem Vater geboren (...) wahrer Gott vom wahren Gott, gezeugt, nicht geschaffen, eines Wesens mit dem Vater (und dem) Heiligen Geist". Der Konflikt mit den Anhängern des Priesters Arius über das Verhältnis zwischen Göttlichkeit und Menschlichkeit Christi schwelte dennoch weiter. 451 berief der Ostkaiser Marcian in Chalcedon ein weiteres Konzil ein, um den Streit beizulegen. Über 500 Bischöfe einigten sich auf die chalcedonische Definition, wonach Jesus als eine Person aufzufassen ist, die aus zwei Naturen besteht. Die Definition gilt als Wendepunkt in der Geschichte des Christentums und der christlichen Theologie.

Clara: doctri
na: grata: fa
cundia: preci
pue: circa: sen
sum: literalem
necessaria.

HEILIGE SCHRIFTEN

Es gibt eine ganze Reihe von Texten, die christlichen Gläubigen besonders am Herzen liegen, doch ist letztendlich einzig und allein die Heilige Schrift für das Christentum maßgeblich. Die Christen betrachten die Bibel – das „Buch der Bücher" – als einen durch göttliche Eingebung entstandenen Text und damit als bedeutendste Schrift des Christentums.

In allen Formen des christlichen Gottesdienstes spielen deshalb Lesungen aus dem Alten wie dem Neuen Testament im Verlauf des gesamten Kirchenjahrs eine herausragende Rolle. Die Bibel gilt gleichermaßen als literarisches Werk, als historisches Dokument und als wichtigste Quelle der Religionslehre. In manchen Familien ist die hauseigene Bibel nicht nur ein geschätztes Buch, sondern auch ein bedeutendes Erbstück.

Links: Der heilige Hieronymus *von Pedro Berruguete (1450–1504). Hieronymus war Gelehrter und Kirchenvater; er übersetzte die Bibel vom Griechischen ins Lateinische. Bis zur Reformation galt seine Übersetzung, bekannt als* Vulgata, *(„die allgemein Verbreitete") als maßgebliche Übertragung der Heiligen Schrift.*

Die Bibel setzt sich aus insgesamt 66 einzelnen Büchern zusammen, die ihrerseits in zwei Hauptteile, das Alte und das Neue Testament, untergliedert sind. Das Alte Testament entspricht im Prinzip der hebräischen (jüdischen) Bibel. Es stellt Gottes ersten Bund mit der Menschheit (den „Alten Bund") dar.

Das Neue Testament berichtet vom Bund Jesu Christi („Neuer Bund"), durch den sich die Verheißungen Gottes gegenüber Israel erfüllten. Zum Alten Testament, einem bemerkenswert vielschichtigen Werk, zählen die fünf Bücher Mose (der Pentateuch) sowie die Geschichtsbücher, die Lehrbücher und die Bücher der Propheten. Die Christen betrachten das Alte Testament als Gottes Offenbarung gegenüber der Welt vor der Ankunft Jesu Christi.

Im Neuen Testament, das in den ersten Jahrhunderten nach dem Tod Christi entstand, wird über dessen Geburt, das Wirken, die Leidensgeschichte und die Auferstehung berichtet. Es enthält auch die „Apostelgeschichte", zu der u.a. ein Bericht über die Missionierung der Heiden durch den Apostel Paulus sowie verschiedene Briefe zählen, die Paulus an christliche Gemeinden gerichtet hatte. Das letzte Buch des Neuen Testaments, die Offenbarung des Johannes (Apokalypse), ist eine Vision. Den Kern des Neuen Testaments bilden die vier Evangelien (Griechisch: „Frohe Botschaft"), die Matthäus, Markus, Lukas und Johannes zugeschrieben werden. Seit dem späten 18. Jh. bezeichnen Wissenschaftler die ersten drei Evangelien als „synoptisch", weil die Texte parallel gelesen werden können und in weiten Teilen inhaltlich übereinstimmen. Das Johannesevangelium, das um das Jahr 95 n. Chr. entstand, unterscheidet sich hingegen in Stil und Tonfall deutlich von den übrigen.

Die Frage, auf welche Weise die Bibel zur maßgeblichen Heiligen Schrift des Christentums wurde, berührt einen äußerst komplizierten Sachverhalt. Die hebräische Bibel wird zwar bis heute von den Christen anerkannt, doch ordnete man die Texte in der Frühkirche neu und beschloss das Alte Testament mit den Prophetenbüchern. So steht nun das Buch Malachias am Ende, dessen Ankündigung des Propheten Elias (3, 23) als Wegbereiter des Messias nach Ansicht der Evangelisten in Johannes dem Täufer erfüllt wurde (Matthäus 11, 7–15 und Lukas 1, 16–17).

Das Neue Testament umfasst Schriften, die nach Auffassung der Frühkirche durch göttliche Eingebung entstanden waren und hinreichend geeignet schienen, die religiöse Erfahrung der Christen zu vermitteln. Das Neue Testament geht also weder auf eine einzelne Person noch auf ein Kirchenkonzil zurück: Es entwickelte sich vielmehr in kleinen Schritten über mehrere Jahrhunderte hinweg. Bereits der Kirchenschriftsteller Tertullian (um 160– um 222) verwendete den Begriff „Neues Testament". Allerdings fanden

Ein Exemplar der illuminierten ersten Seite des Lukasevangeliums aus der Gutenberg-Bibel. Das Manuskript enthält handgemalte Initialen und Ornamente (Mainz, 1455).

erst im 5. Jh. die Bücher des heutigen Neuen Testaments allgemeine Anerkennung, denn erst damals erhielt der christliche Kanon die heutigen Lesern vertraute Form. Manche Texte galten der Kirche hingegen als „apokryph" (Griechisch: „verborgen"). Dies bedeutete, dass man ihren spirituellen oder historischen Wert zwar anerkannte, sie aber nicht als göttliche Offenbarung betrachtete.

Während sich die Evangelien in erzählender Form mit dem Leben und den Lehren Jesu Christi beschäftigen, sind die Episteln ursprünglich öffentliche Sendschreiben der Apostel an christliche Gemeinden oder Einzelpersonen. Hier setzte sich das missionarische Wirken der Apostel in brieflicher Weise fort. Der zeitgenössischen Rhetorik verpflichtet, wurden Episteln laut vorgelesen. Sie enthielten beispielsweise Erwiderungen auf Angriffe durch die Gegner der Jesusbewegung. Die den Kanon des Neuen Testaments festlegenden Theologen sahen die Episteln als zeitlos an und stellten sie hinsichtlich ihrer Bedeutung für die Entstehung des Glaubens auf eine Stufe mit den Evangelien und der Apostelgeschichte.

Den Kern der Episteln bilden die 13 Briefe des Apostels Paulus, wobei die Urheberschaft in einigen Fällen zweifelhaft ist. Soweit authentisch, wurden die entsprechenden paulinischen Briefe früher als die Evangelien verfasst; sie sind folglich die ältesten Schriften des Neuen Testaments und wurden ursprünglich auf Griechisch geschrieben. Sie verdeutlichen das missionarische Wirken des Apostels unter den Heiden und bestätigen seine Autorität als Jünger Christi. So beschäftigt sich Paulus etwa in seinem Brief an die Galater, eine christliche Gemeinde in Kleinasien, mit der Frage, ob ein Heide beschnitten sein müsse, ehe er getauft werden könne. Seine verneinende Antwort markiert den deutlichen Bruch mit jüdischen Gepflogenheiten.

Die Bibel lässt sich auf vielfältige Weise deuten und dient dementsprechend auch der Rechtfertigung höchst gegensätzlicher Auffassungen. Insbesondere fundamentalistisch orientierten Kirchengemeinden gilt die Bibel als Offenbarung. Diesem Verständnis zufolge beruht jedes einzelne Wort auf göttlicher Eingebung und ist deshalb wörtlich zu nehmen. Andere Christen hingegen verstehen die Schriften eher als sinnbildlich ausgerichtete Texte. Wissenschaftler wiederum studieren die Bibel unter literaturkritischen Gesichtspunkten und wenden unterschiedlichste Methoden an, um den jeweiligen Intentionen der biblischen Texte auf die Spur zu kommen.

Jede Interpretation hängt unmittelbar mit der Übersetzung zusammen. In verschiedene Nationalsprachen übersetzte Bibeln sind inzwischen selbstverständlich geworden. Die ursprünglich größtenteils in hebräischer Sprache verfasste jüdische Bibel (das Alte Testament), wurde bereits im 3. Jh. v. Chr. für die Diasporajuden ins Griechische übersetzt. Diese „Septuaginta" genannte Fassung galt in der Frühkirche als verbindlich und ist heute noch für die griechisch-orthodoxe Kirche die maßgebliche griechische Version. Nachdem schließlich auch der Kanon des Neuen Testaments festgelegt war, ließ der Papst von Bischof Hieronymus von Dalmatien (340–420) eine Übersetzung der christlichen Bibel ins Lateinische anfertigen. Dies war die Sprache der westlichen Christenheit. Das aus dem Jahr 382 stammende Werk des heiligen Hieronymus ist unter dem Namen „Vulgata" bekannt und war bis zur Reformation die Standardbibel der römischen Christen. Bis heute dient sie als offizieller Quellentext für alle katholischen Bibelübersetzungen.

Lange Zeit blieb die Bibellektüre nur Priestern und gebildeten Laien vorbehalten. Bereits vor der Reformation hatte es daher Versuche gegeben, die Bibel in die jeweilige Volkssprache zu übersetzen. Am bekanntesten wurde die von John Wycliffe 1382 vorgelegte Fassung. Die Erfindung des Buchdrucks und eine zunehmende Alphabetisierung der Bevölkerung führten zu einer wachsenden Nachfrage nach Bibeln in den Landessprachen. Gleichzeitig bestand man auch auf Seiten der neuen protestantischen Glaubensgemeinschaften darauf, dass die Bibel allen Gläubigen zugänglich sein müsse. Martin Luthers deutsche Übersetzung des Neuen Testaments erschien 1522, eine französische Übersetzung folgte 1582. Im 16. Jh. entstanden eine Reihe bedeutender englischer Übersetzungen, bis König Jakob I. von England im Jahr 1604 eine Gruppe von Gelehrten mit einer Bibelübersetzung beauftragte, die bis heute im angelsächsischen Sprachraum als „King James Version“ bekannt und verbreitet ist.

Sämtliche christliche Glaubensgemeinschaften legen Wert darauf, dass ihre Mitglieder die Bibel möglichst in ihrer Muttersprache hören oder lesen können. Zu diesem Zweck wurde die Bibel inzwischen in mehr als 2000 Sprachen übersetzt, wobei nicht zuletzt Überarbeitungen oder Neuübersetzungen die Vielfalt der interpretatorischen Ansätze spiegeln (s. S. 104–105).

Das Vaterunser – Das Gebet des Herrn

„Vater unser im Himmel,
geheiligt werde dein Name,
dein Reich komme,
dein Wille geschehe,
wie im Himmel so auf Erden.
Unser tägliches Brot gib uns heute,
und vergib uns unsere Schuld,
wie auch wir vergeben unsern Schuldigern,
und führe uns nicht in Versuchung,
sondern erlöse uns von dem Bösen.
(Denn dein ist das Reich und die Kraft und die Herrlichkeit in Ewigkeit. Amen.)“

Matthäus 6,9–13

Kommentar

Der am häufigsten rezitierte Text der Christenheit ist ein Gebet, das in zwei der vier Evangelien des Neuen Testaments zu finden ist: Matthäus 6, 9–13 und Lukas 11, 2–4. In beiden Fällen beantwortet Christus hier die Frage, wie man beten solle. Katholiken nennen diesen Text „Vaterunser“, Protestanten sprechen vom „Gebet des Herrn“, ein Terminus, der erst seit dem 16. Jh. gebräuchlich ist; zuvor kannte man es unter dem lateinischen Namen: *Pater noster*.

Die Bestandteile des Gebets sind die Anrede, sieben Fürbitten und eine Doxologie (Lobpreisung). Es wird sowohl im privaten Rahmen als auch bei öffentlichen Gottesdiensten verwendet. Seit der Frühzeit des Christentums lernen alle Katechumenen („Taufbewerber", die dem neuen Glauben beizutreten wünschen) das Vaterunser. Heute ist es nicht nur fester Bestandteil nahezu aller christlichen Liturgien bzw. Gottesdienste, sondern auch der meisten Taufriten. Für die Angehörigen der römisch-katholischen Kirche ist es auch Teil des Rosenkranzes: Dieser Gebetszyklus verdankt seinen Namen einer Perlenkette, mit der die Zahl und Abfolge der Gebete kontrolliert werden.

Beim letzten Satz des Gebets handelt es sich um eine Doxologie. *Doxa* steht im Griechischen für die „Lobpreisung" königlicher Majestät, während *logos* so viel bedeutet wie „Wort". Eine Doxologie ist ein kurzer Vers zum Lobpreis Gottes und findet üblicherweise als Schlussformel am Ende eines Lobgesangs Verwendung. Dieser letzte Satz erschien im Übrigen nicht im ersten gedruckten griechischen Text des Neuen Testaments. Aus diesem Grund betrachtet ihn die römisch-katholische Kirche nicht als Teil des Vaterunsers. Obgleich dieser Begriff an der entsprechenden Bibelstelle nicht nachgewiesen werden kann, endet das Gebet mit einem „Amen", einem hebräischen Ausruf mit der Bedeutung: „So ist es".

KAPITEL VIER

HEILIGE PERSONEN

Alle Christen stimmen unabhängig von ihrer Konfession darin überein, dass Jesus Christus die bedeutendste Figur des Christentums ist. Manchen christlichen Glaubensgemeinschaften gelten die Mitglieder der Heiligen Familie – Maria und Josef – ebenfalls als heilig. In der römisch-katholischen Kirche wird auch Anna, die Großmutter Jesu, als heilige Fürsprecherin verehrt. Darüber hinaus betrachten manche christliche Gemeinschaften eine große Zahl weiterer Personen als heilig, darunter Hunderte namentlich bekannter Heiliger, Engel, Gründer von Kirchen und Orden sowie Kirchenführer wie Bischöfe, Kardinäle, Päpste und Theologen. Sowohl in der östlich-orthodoxen als auch in der römisch-katholischen Kirche werden Heilige angebetet: Die Gläubigen erwarten von ihnen Schutz und Fürsprache.

LINKS: Mutter Teresa (1910–1997) widmete ihr Leben den Armen, Kranken und Entrechteten. 1979 erhielt sie den Friedensnobelpreis. Sie wurde zu einem Quell der Inspiration für Christen in aller Welt (s. S. 52–53).

Männer und Frauen, die ein außerordentlich tugendhaftes Leben führten oder als Märtyrer starben, verehrt das Christentum als „Heilige“. Zu den Andachtspraktiken im Zusammenhang mit dem Heiligenkult gehören Opferungen, Anrufungen und Gelübde sowie das Beten um Heilung und Wunder. Im Glauben an die Macht der Heiligen lebten nicht zuletzt Auffassungen der Griechen und Römer fort, beispielsweise dass übernatürliche Macht ausüben konnte, wer den Heldentod gestorben war. Das Wort Märtyrer (Griechisch: *marturos*) bedeutet „Zeuge“. All jene Männer und Frauen, die im frühen Christentum für ihren Glauben starben, galten in der Frühkirche als Helden und Vorbilder, waren sie doch dem Beispiel Christi bis in den Tod gefolgt. Die Namen der Märtyrer dieser Zeit, etwa von Frauen wie Perpetua und Felicitas, wurden Teil der Liturgie frühchristlicher Gemeinden. Nicht zuletzt brachte man mit der Verehrung von Reliquien wunderbare Ereignisse in Verbindung. Da diese Praxis vom 4. Jh. an bis ins Mittelalter stetig zunahm, wuchs auch die Nachfrage nach Gebeinen und sonstigen Gegenständen, die in irgendeiner Weise mit Heiligen in Zusammenhang gebracht werden konnten. Unter der Führung kirchlicher Träger baute das Christentum in der Folge ein ganzes Netzwerk von Heiligengräbern und Reliquienschreinen auf. Über viele Jahrhunderte war die Heiligenverehrung ein zentraler Bestandteil öffentlicher und privater Andacht. Kalender mit den Namenstagen der Heiligen dienten den Gläubigen als Hilfe bei ihren täglichen Gebeten. Im mittelalterlichen Christentum spielte insbesondere die volkstümliche Heiligenverehrung eine wichtige Rolle. Schriftliche Aufzeichnungen über Leben und Wirken der Heiligen, so genannte Hagiografien förderten die Heiligenverehrung zusätzlich.

Unter den Heiligen des Christentums nehmen Maria, die Mutter Jesu, und ihr Mann, der Zimmermann Josef, die erste Stelle ein. Im Laufe von Jahrhunderten entwickelten sich sowohl in der östlichen wie auch in der westlichen Kirche volkstümliche Marienkulte. Die Marienverehrung nahm im 4. Jh. ihren Anfang: Später stellte das zweite Konzil von Nicäa (787 n. Chr.) fest, die volle Anbetung stehe allein Gott zu, aber Maria sei in höherem Maße als die übrigen Heiligen zur Anbetung berechtigt. In der orthodoxen Ostkirche wird die besondere Verehrung Marias u. a. in dem aus dem 5. Jh. stammenden und bis heute gebräuchlichen „Hymnus Akathistos“ (Griechisch für „nicht sitzend“) und dem dort üblichen Ehrentitel „Theotokos“ („Gebärerin Gottes“) deutlich. In der Westkirche entwickelte sich die Marienverehrung zwar wesentlich später, ist aber insbesondere in der römisch-katholischen Kirche sehr lebendig. Seit dem 12. Jh. nennt man Maria „Unsere liebe Frau“ und widmete ihr Hunderte von Kirchen. Viele Orte,

In Sandro Botticellis Madonna del Magnificat *(1483–1485) wird Maria mit dem Jesukind und fünf Engeln dargestellt. Der Granatapfel in ihrer Linken ist Symbol der Wiederauferstehung.*

wo Marienerscheinungen beglaubigt wurden, wie beispielsweise in Lourdes, entwickelten sich zu beliebten Pilgerstätten (s. S. 71). Der römisch-katholische Marienkult beruht nicht zuletzt auf der Maria zugeschriebenen Kraft der Fürsprache. Das Vertrauen in diese Macht gründet in dem Gedanken, dass sich Jesus einer Bitte der eigenen Mutter nicht verschließen könne. Auch wenn Maria in den protestantischen Kirchen nicht die gleiche zentrale Rolle einnimmt, wird sie dennoch von allen Konfessionen als Mutter Gottes geehrt.

Josef wiederum erfährt Verehrung als treu sorgender Ehemann und Beschützer des Jesuskindes. Als Beschützer Christi und Ehegatte Mariens wurde er zum Schutzpatron der Weltkirche, der Väter, der Zimmerleute und der Arbeiter. Und weil man glaubt, er sei friedlich im Kreise seiner Familie entschlafen, betrachtet man ihn auch als Schutzheiligen der Sterbenden.

Religiöse Gemeinschaften wählen einen Heiligen oft zu ihrem ausdrücklichen Schutzpatron. So ist es in der römisch-katholischen Kirche üblich, Kinder auf die Namen von Heiligen zu taufen, um auf diese Weise dem Kind den besonderen Schutz und die Fürsprache durch den Namenspatron zu sichern. Im Zuge der Heiligenverehrung entwickelte sich auch der Gedanke des Schutzpatronats weiter. Nach dieser Vorstellung sind das Leben und Wirken der Heiligen und insbesondere die ihnen zugeschriebenen Wunder als Hinweise auf bestimmte „Spezialisierungen" zu verstehen. So wurde etwa die heilige Lucia (gest. um 304 n. Chr.), die der Legende zufolge erblindete und anschließend auf wundersame Weise ihr Augenlicht zurückerhielt, zur Schutzheiligen der Augenkranken.

In der östlich-orthodoxen Kirche werden weitaus weniger Heilige verehrt, man konzentriert sich hier vor allem auf die Kirchenväter und die frühen Märtyrer. Streng formalisierte Tafelbilder mit Darstellungen dieser Personen befinden sich sowohl in Gottes- als auch in Privathäusern. In protestantischen Kirchen erfahren die Propheten des Alten Testaments und die Apostel besondere Verehrung, der Heiligenkult jedoch gilt allgemein als Idolatrie (Götzendienst). Gleichwohl empfehlen etwa die anglikanischen und die lutherischen Kirchen ihren Gläubigen bestimmte Personen zum besonderen Gedenken.

Die römisch-katholische Kirche ist die einzige christliche Konfession, die die Heiligenverehrung festen Regeln unterwirft und über ein formelles Verfahren verfügt, mit dessen Hilfe die Heiligkeit einer Person festgestellt wird. Die Aufnahme in den kirchenamtlichen Kanon (Verzeichnis) der Heiligen wird als „Kanonisation" bezeichnet. Während allein der Papst über das Recht verfügt, den Status der Heiligkeit zuzusprechen, arbeitet im Vatikan eine Gruppe von Fachleuten, die alle Fakten sammeln, die für eine Heiligsprechung von Bedeutung sein könnten.

Das langwierige und umständliche Verfahren blieb in seinen Grundzügen seit 400 Jahren unverändert. Zwar ermuntert man die Gläubigen, Heilige zu verehren, doch dürfen weder einzelne Personen noch deren Reliquien angebetet werden. Dies ist allein der Heiligen Dreifaltigkeit vorbehalten.

Als heilig gilt auch eine Reihe von Engeln, dem Glauben nach übernatürliche Wesen, die im Himmel wohnen und über außergewöhnliche Kräfte verfügen. In der Bibel ist häufig von Engeln die Rede, die Gott preisen und die Gläubigen beschützen. Sie dienen wie ihr Name (Griechisch: *angelos*, Botschafter) ahnen lässt, in erster Linie als Gottesboten und Vermittler zwischen Himmel und Erde. In diesen Zusammenhang gehören auch die Erzengel („Hauptengel") Gabriel, Raphael und Michael. Der Bibel zufolge kündeten Engel die Geburten von Ismael, Isaak und Simson sowie von Johannes dem Täufer und von Jesus an. Auch Jesu Auferstehung von den Toten wurde von Engeln verkündet.

Im frühen 6. Jh. beschrieb der Schriftsteller Pseudo-Dionysius Areopagita Engel als Teil der Hierarchie göttlicher Mächte, von denen jede bestimmte Aufgaben zu erfüllen habe. Mit menschlichen Angelegenheiten betraute Engel sind meist rettend oder mahnend tätig. Die Vorstellung, Gott habe jedem Menschen einen Schutzengel zugeordnet, entstammt der Heiligen Schrift (Psalm 91, 11). In der römisch-katholischen Kirche feiert man den 2. Oktober als Fest der Schutzengel, während die anglikanische Kirche den Namenstag des heiligen Michael festlich begeht, der als Beschützer der Kirche vor den Mächten des Bösen gilt.

Angelus zum Lobpreis der Mutter Teresa von Kalkutta

„Das Panorama, das sich zum Ende dieses Jahrhunderts vor unseren Augen abzeichnet, weist nicht wenige Schatten auf, wie das Leiden und die Ungerechtigkeit, die über Menschen und Völkern lasten, wie die Gewalt und die Kriege, die (...) immer noch in so vielen Gegenden der Erde zu Blutvergießen führen. Doch es gibt tröstliche Lichtstrahlen, die uns mit Hoffnung in die Zukunft blicken lassen. Unser Optimismus ist vor allem auf die Gewissheit der fortwährenden Hilfe Gottes gegründet, woran es denen, die demütig und zuversichtsvoll darum bitten, niemals fehlen wird (...) Diesbezüglich möchte ich an die große Schar hochherziger Menschen erinnern, die im 20. Jh. Christus ihr Leben darbrachten, indem sie es in einer Haltung der Demut und Liebe in den Dienst der Brüder stellten. Meine Gedanken gehen insbesondere zu Mutter Teresa von Kalkutta (...) Sie pflegte zu sagen: ‚Wenn wir einem anderen Menschen helfen, ist unser Lohn Friede und Freude, denn wir haben unserem Leben einen Sinn gegeben.‘ Sie war eine große und geschätzte Lehrmeisterin des Lebens, besonders für die Jugendlichen, die sie daran erinnerte, dass sie ‚die große Aufgabe‘ haben, ‚den Frieden aufzubauen‘. Ihr Zeugnis sei Anstoß und Ermutigung für viele Jungen und Mädchen, sich großherzig in den Dienst des Evangeliums zu stellen.“

Aus: *Angelus* von Papst Johannes Paul II., 5. September 1999, zitiert nach: www.vatican.va/holy_father/john_paul_ii/

Kommentar

In diesem Angelus (Gebet), einem Bestandteil der römisch-katholischen Messfeier, verweist Johannes Paul II. auf das beispielhafte Wirken von Mutter Teresa, die im Oktober 2003 durch den Papst in Rom selig gesprochen wurde (eine Vorstufe der Heiligsprechung). Mutter Teresa, albanische Katholikin aus dem mazedonischen Skopje, fühlte sich bereits in jungen Jahren berufen, den Armen zu helfen. Im Alter von 18 Jahren trat sie dem irischen Loreto-Orden bei, dessen Schwestern in Kalkutta eine Missionsstation unterhielten. Sie verbrachte ihr ganzes Leben in den Slums dieser Stadt; 1948 wurde ihre kleine Gruppe von Nonnen als eigenständiger Orden anerkannt.

Der Orden wuchs rasch und gründete Schulen, Waisenhäuser, Leprastationen, Hospize und Küchen für die Ärmsten der Armen. Als Mutter Teresa 1979 den Friedensnobelpreis erhielt, erklärte sie: „Ich nehme diesen Preis entgegen im Namen der Hungernden, der Nackten, der Obdachlosen, der Verkrüppelten, der Blinden, der Aussätzigen, der Menschen aller Gesellschaftsschichten, die sich unerwünscht, ungeliebt, unversorgt fühlen, die der Gesellschaft zur Last geworden sind und von allen gemieden werden." Im Falle Mutter Teresas (die 1997 verstarb) setzte der Papst die Vorschrift außer Kraft, dass ein Verfahren zur Aufnahme in den Kanon der Heiligen frühestens fünf Jahre nach dem Tod des Kandidaten beginnen darf.

KAPITEL FÜNF

ETHISCHE GRUNDSÄTZE

Sämtliche Religionen verfügen über Grundsätze, die den Gläubigen in Fragen von Gut und Böse Orientierung geben. Da die Menschen nach christlicher Auffassung der göttlichen Führung bedürfen, sind entsprechende Vorschriften meist in Befehlsform verfasst. Die Unfähigkeit des Menschen mit moralischer Freiheit umzugehen, zeigt etwa der Ungehorsam von Adam und Eva (Genesis 2–3).

Die Christenheit betrachtet die Zehn Gebote als wichtigstes ethisches Fundament ihres Glaubens. Neben diesen Prinzipien gibt es eine Reihe weiterer biblischer Vorschriften für den gläubigen Christen. Allerdings haben stark voneinander abweichende Interpretationen der gleichen Schriftquellen dazu beigetragen, dass sich die Christenheit in fundamentalen ethischen Fragen nicht einig ist.

LINKS: Der Sündenfall *(1533) von Lucas Cranach d. Ä. zeigt Adam und Eva, die entgegen der Weisung Gottes die verbotene Frucht in Händen halten, die sie vom „Baum der Erkenntnis von Gut und Böse" pflückten.*

Soweit es die grundlegenden Prinzipien betrifft, die Gläubige zu einem christlichen Lebenswandel anleiten sollen, gab es in der gesamten Geschichte der Christenheit kaum Veränderungen. Maßgebliche biblische Quelle der christlichen Ethik sind zum einen die Zehn Gebote, wie sie Moses von Gott auf dem Berg Sinai empfing (Exodus 20, 2–17; Deuteronomium 5, 6–21), zum anderen die Lehren Jesu. In beiden Fällen gestaltet sich die Quellenlage verhältnismäßig übersichtlich, obwohl die verschiedenen christlichen Konfessionen die Zehn Gebote unterschiedlich zusammenfassen. Die Heilige Schrift hingegen erfuhr im Laufe der Zeit je nach geschichtlicher Situation höchst unterschiedliche Deutungen. So beriefen sich etwa die Inquisition und die moderne Befreiungstheologie auf dieselben Grundsätze, obgleich sich die Zielsetzungen vielfältig voneinander unterschieden (s. S. 101–103).

Auch die „Bergpredigt" Jesu (Matthäus 5–7) ist von großer Bedeutung für die Ethik des Christentums. Sie beginnt damit, dass Christus der versammelten Menge verkündet, er sei nicht gekommen, das mosaische Gesetz abzuschaffen, sondern es zu erfüllen; wer die Gebote breche oder andere dazu anstifte, werde, „als Kleinster (...) im Himmelreich" gelten (Matthäus 5, 17–20). Jesus legte ein neues System ethischer Grundsätze vor, mittels derer der Geltungsbereich des Gesetzes erweitert werden sollte, ein System, das seinerseits den Kern der christlichen Sittenlehre bilden sollte. Jesus erweiterte den Umfang des Gebots, nicht zu töten, indem er auch verbot, jemandem zu zürnen. Das Gebot, keinen Ehebruch zu begehen, schloss nun auch die Forderung ein, niemanden begehrlich anzublicken. Auch das Gebot, den Namen des Herrn nicht unnütz auszusprechen, wurde erweitert, insofern Jesus verbot, beim Himmel, bei der Erde oder beim eigenen Haupte zu schwören.

Zur Bergpredigt zählt auch eine Liste von Verhaltensregeln, die in den westlichen Kirchen „Seligpreisungen", in den östlich-orthodoxen Kirchen „Gebote der Seligkeit" genannt werden. Im Unterschied zu den Zehn Geboten stellen die Seligpreisungen keine ethischen Imperative dar. Es werden vielmehr Grundsätze genannt, nach denen sich die Anhänger Christi zu richten haben, wenn sie Seligkeit und ewiges Leben im Himmel erlangen wollen. Diese Grundsätze basieren auf den christlichen Tugenden der Rechtschaffenheit, der Lauterkeit des Herzens, der Barmherzigkeit, der Friedfertigkeit und der Bereitschaft, für den christlichen Glauben zu leiden.

Der eigentliche Kern der christlichen Sittenlehre liegt in Jesu Auslegung des Gebots der Nächstenliebe. An anderer Stelle des Matthäusevangeliums, von einem Gesetzeslehrer nach dem größten Gebot befragt, zitiert Jesus das

Die Kirche der Seligpreisungen in Galiläa (Israel) liegt in der Nähe des Berges, wo Jesus die „Bergpredigt" gehalten haben soll.

Alte Testament: „,Du sollst den Herrn, deinen Gott, lieben aus deinem ganzen Herzen, deiner ganzen Seele und deinem ganzen Denken' (Deuteronomium 6, 5). Dies ist das größte und erste Gebot. Das zweite ist ihm gleich: ,Du sollst deinen Nächsten lieben wie dich selbst' (Leviticus 19, 18). An diesen zwei Geboten hängt das ganze Gesetz und die Propheten" (Matthäus 22, 37–40; auch Markus 12, 29–31 und Lukas 10, 25–28).

Das berühmte Gleichnis vom barmherzigen Samariter (Lukas 10, 29–37) verdeutlicht Jesu Interpretation des Begriffes vom „Nächsten" sowie das moralische Verhalten, das er von seinen Anhängern erwartet: Ein Mann wird ausgeraubt und sterbend im Straßengraben zurückgelassen. Vermeintlich fromme Angehörige seiner eigenen Volksgruppe ignorieren ihn, während ein Samariter Hilfe leistet, Mitglied einer verachteten Sekte aus dem zwischen Judäa und Galiläa gelegenen Samaria. Die Mehrzahl zeitgenössischer Zuhörer wäre einem Samariter eher argwöhnisch bis feindselig begegnet, während hier gerade dieser den wahren „Nächsten" verkörpert, einen aus reiner Nächstenliebe Handelnden, der weder Gegenleistung noch Belohnung erwartet.

Das Christentum des Mittelalters sah in den „sieben Todsünden" (Stolz, Habgier, Lust, Zorn, Völlerei, Neid, Trägheit) die Wurzel aller Sünden, vor allem der Stolz galt als Kern allen Lasters. Oft wurden die Todsünden im Zusammenhang mit ihren Gegensätzen dargestellt (Bescheidenheit, Großzügigkeit, Keuschheit, Sanftmut, Mäßigung, Nächstenliebe, Fleiß). Weisheit, Besonnenheit, Tapferkeit und Gerechtigkeit werden als „Kardinaltugenden" bezeichnet, während „Glaube, Hoffnung und Liebe" als „theologische Tugenden" gelten, verkörpern sie doch, was in der Apostelgeschichte (9, 2) als „neuer Weg" beschrieben wird.

Die Zehn Gebote (Dekalog)

„[1./1.a] Du sollst neben mir keine anderen Götter haben.
[2./1.b] Du sollst dir kein Gottesbild machen und keine Darstellung von irgendetwas am Himmel droben, auf der Erde unten oder im Wasser unter der Erde. Du sollst dich nicht vor anderen Göttern niederwerfen und dich nicht verpflichten, ihnen zu dienen (…)
[3./2.] Du sollst den Namen des Herrn, deines Gottes, nicht missbrauchen; denn der Herr lässt den nicht ungestraft, der seinen Namen missbraucht.
[4./3.] Gedenke des Sabbats: Halte ihn heilig! Sechs Tage darfst du schaffen und jede Arbeit tun. Der siebte Tag ist ein Ruhetag, dem Herrn, deinem Gott, geweiht. An ihm darfst du keine Arbeit tun (…)
[5./4.] Ehre deinen Vater und deine Mutter, damit du lange lebst in dem Land, das der Herr, dein Gott, dir gibt.
[6./5.] Du sollst nicht morden.
[7./6.] Du sollst nicht die Ehe brechen.
[8./7.] Du sollst nicht stehlen.
[9./10.a] Du sollst nicht falsch gegen deinen Nächsten aussagen.

Exodus 20,2–17. Die Abfolge der Gebote (in eckigen Klammern) ist im Bibeltext nicht festgelegt und variiert daher zwischen den verschiedenen christlichen Konfessionen. Die erste Zahl gibt die Zählung der orthodoxen Kirchen und der protestantischen Reformkirchen wieder, die zweite die Zählung der römisch-katholischen und der lutherischen Kirchen.

[10./10.b] Du sollst nicht nach dem Haus deines Nächsten verlangen. Du sollst nicht nach der Frau deines Nächsten verlangen, (...) oder nach irgendetwas, das deinem Nächsten gehört.“

Kommentar

Die Zehn Gebote sind als fundamentale Vorschriften zu verstehen. Sie gelten für Christen ebenso wie für Juden. Viele Christen glauben, dass Moses diese ethischen Prinzipien von Gott offenbart wurden. Im Laufe der Jahrtausende hat jedes der Gebote zu beachtlichen Debatten geführt – vor allem das Gebot, nicht zu töten.

Die Frage, was als ein gerechter Krieg gelten könne, beschäftigt die Christenheit seit Hunderten von Jahren. Die Grundlagen einer „Theorie des gerechten Krieges“ formulierten Augustinus (354–430) und Thomas von Aquin (1225–1274). Demnach müssen bestimmte Voraussetzungen gegeben sein, damit ein Krieg als gerecht gelten kann: nachgewiesenes Unrecht großer Tragweite, die Verhältnismäßigkeit zwischen Strafe und Zielsetzung und die Gewissheit, der gerechten Sache zu dienen. Thomas von Aquin behauptete, nur souveräne Herrscher könnten Kriege erklären; die entsprechende Kriegspartei müsse humane Ziele verfolgen; und Krieg sei letztendlich nur durch das Streben nach Frieden zu rechtfertigen.

KAPITEL SECHS

HEILIGE ORTE

Geweihte Orte und Stätten üben auf die Christen in aller Welt große Anziehungskraft aus, so etwa das Heilige Land und insbesondere Jerusalem oder Bethlehem. Dasselbe gilt für Reliquienschreine und Orte, die Erscheinungen Marias verzeichnen sowie für bedeutsame Friedhöfe. Unabhängig von ihrer Konfession betrachten Christen jede Kirche als geweihten Ort. Jede Kirche, jeder Dom, jede Kapelle, jeder Ort, an dem sich Christen versammeln, um eine Predigt zu hören oder die Liturgie zu feiern, gilt als „Gotteshaus". Gemälde und Ikonen, Heiligenstatuen, Farbglasfenster, Altäre, Kelche, geschnitzte Altarbilder und prächtige Kirchenorgeln, aber auch Wandteppiche, Kerzen, Bibeln, Mess- und Gesangbücher dienen dem würdevollen Erscheinungsbild von Kirchen und Kapellen.

LINKS: Der prächtige Liebfrauendom (Cathédrale de Notre Dame) aus dem 13. Jahrhundert in Chartres (Frankreich). Das Labyrinth auf dem Boden des Kirchenschiffs, durch das nur ein einziger Weg zur Mitte führt, repräsentiert den verschlungenen Pfad der spirituellen Reise der Seele durch das Leben des Menschen.

Der Begriff „Kirche“ wird nicht nur für die Gesamtheit aller christlichen Gläubigen verwendet, sondern auch für jede einzelne Konfession. Ebenso bezeichnet man damit alle Örtlichkeiten, an welchen man Gott anwesend glaubt, bzw. wo sich Christen zur persönlichen Andacht wie auch zum öffentlichen Gottesdienst treffen. Diese Funktionen spiegeln sich in den einzelnen Sprachen wider – *Kirche, church, église, iglesia.* Diese Bezeichnungen sind entweder von dem griechischen Wort *kuriakos (domos)* („Haus des Herrn“) oder *ekklesia* („Versammlung“) abgeleitet.

Als im 4. Jh. die Christenverfolgung zu Ende ging, war es Christen endlich gestattet, sich öffentlich zu versammeln. Unter Kaisern wie Konstantin dem Großen wurden heidnische Tempel abgerissen oder in christliche Gotteshäuser umgewandelt. Gleichzeitig entstanden auch prachtvolle Kirchen, die oftmals den irdischen Herrschern zur Ehre gereichen sollten wie Gott. Vielfach wurden in Kirchen Gebeine von Märtyrern oder andere Reliquien aufbewahrt und so war die Welt der frühen Christenheit bald von einem dichten Netz von Pilgerstätten übersät.

Die Vielfalt christlicher Glaubensgemeinschaften spiegelt sich auch in den unterschiedlichen Baustilen. In den ersten Jahren der Christenheit waren Kirchen als eigens zum Zweck gemeinsamer Versammlung errichtete Gebäude praktisch unbekannt. Zum Gottesdienst trafen sich die Christen heimlich in Privathäusern („Hauskirchen"), während sie ihre Toten in Katakomben bestatteten. Solche geheimen Orte kennzeichnete man durch geschnitzte oder gemalte Symbole, wie etwa einen Fisch (für Taufe, Christus und Auferstehung) oder einen Hirten mit Lamm (eine Darstellung heidnischen Ursprungs, die auf die Rolle Gottes als „guter Hirte" anspielt).

Im Westen wurden die frühesten christlichen Kirchen im Stil von Basiliken erbaut (Griechisch: *basilike*, „königlich"). Im Römischen Reich dienten diese wichtigen öffentlichen Gebäude als Versammlungshalle und Gerichtssaal. Kennzeichnend ist die dominante Längsachse, die vom Hauptportal zum vorderen (östlichen) Ende der Kirche verläuft, zum Altarraum (mit dem Allerheiligsten). Bis zum 5. Jh. besaß jede größere Stadt der christlichen Welt mindestens eine nach diesem Grundriss erbaute Kirche.

Im Mittelalter kam als weiterer Kirchentypus die Kreuzkirche auf, benannt nach ihrem kreuzförmigen Grundriss mit zwei Querschiffen beiderseits des entlang der Hauptachse verlaufenden Längsschiffs. In Gebieten der orthodoxen Ostkirche wurden alte wie neue Gotteshäuser üblicherweise auf einem quadratischen Grundriss errichtet.

Wie bescheiden oder prachtvoll eine christliche Kirche auch gestaltet sein mag, sie ist in jedem Fall ein geweihter Ort, der Achtung und Ehrfurcht gebietet und der den

Gläubigen die christlichen Glaubenswahrheiten und das Wunderwerk der Erlösung vermitteln soll. Dies wird besonders deutlich in den romanischen, gotischen und barocken Sakralbauten. Solides Mauerwerk und vorzüglich gestaltete Dekorationen, teils hohe Deckengewölbe und mitunter hoch in den Himmel ragende Türme dienten der Ehre Gottes und der Inspiration der Gläubigen.

Theologische Symbolik und das Streben nach geometrischer Harmonie verleihen Licht und hohen Räumen in mittelalterlichen Kirchen eine große Bedeutung. Der Eingang lag im Westen, Richtung untergehender Sonne, d.h. in der Dunkelheit: Symbolisch ließ der Kirchenbesucher mit dem Betreten des Gotteshauses in gewisser Weise den Tod hinter sich, wenn er sich dem am Ostende der Kirche gelegenen Altar näherte, in Richtung der aufgehenden Sonne, d.h. des Lichts, das die Auferstehung symbolisierte. Die Nordseite einer Kirche stand für das Alte Testament, die Südseite für das Jüngste Gericht und das christliche Paradies auf Erden, das Neue Jerusalem.

Bestimmte Kernelemente des Kirchenbaus blieben über Jahrhunderte bis heute mehr oder weniger unverändert, etwa Altar, Altarraum, Kirchenschiff, Kanzel und (in westlichen Kirchen) das Gestühl. Im Mittelpunkt der meisten christlichen Kirchen steht der Altar. Seine besondere räumliche Position verweist auf eine spezielle Funk-

Christen betrachten sämtliche Kirchen, ob prachtvoll oder eher schlicht ausgestattet, als geweihte Stätten. Hier liest der Pfarrer der Kirche St. Mary Magdalene auf den Bahamas aus der Bibel.

tion: Wie in der Frühkirche wird hier bis heute die Eucharistie gefeiert. Der Altar birgt ein besonderes religiöses Geheimnis, der ihn umgebende Altarraum ist oft allein den Geistlichen vorbehalten. Im Zuge der Entwicklungen der Transsubstantiationslehre (derzufolge sich während der so genannten Wandlung Brot und Wein auf wundersame Weise in Leib und Blut Christi verwandeln) begriff man den Altar als Wohnort Gottes.

In der römisch-katholischen und den östlich-orthodoxen Kirchen steht üblicherweise auf dem Hauptaltar (oder einem der Seitenaltäre) ein Tabernakel (vom lateinischen

Wort für „Zelt, Hütte"). Dabei handelt es sich in der Regel um ein Schränkchen, das der Aufbewahrung der Hostien, dem geweihten Brot des Abendmahls, dient und in dessen Nähe eine Lampe oder Kerze brennt. Des Weiteren befindet sich während der Messfeier auf dem Altar ein Kelch, aus dem der so genannte Messwein getrunken wird, und eine silberne oder goldene Patene (Hostienteller) für das Brot.

Über dem Altar hängt normalerweise ein Kruzifix, gelegentlich auch eine geschmückte Tafel, gemeinhin als Altarbild bezeichnet. In protestantischen Kirchen ist der Altar oft wesentlicher einfacher gestaltet und lediglich durch ein schlichtes Kreuz geschmückt. Beim Kruzifix handelt es sich um eine plastische Darstellung des Gekreuzigten, während das leere Kreuz die Auferstehung Christi symbolisiert. In vielen Kirchen ist der Altarraum durch drei Stufen vom Kirchenschiff getrennt, in dem sich die Gemeinde versammelt. In anglikanischen Kirchen steht zudem eine Kommunionsbank, an der die Gläubigen traditionsgemäß niederknien, um vom Priester das Abendmahl zu empfangen. In orthodoxen Kirchen trennt eine reich mit Ikonen verzierte Bilderwand („Ikonostase", Griechisch: „Ort der Bildnisse") die Gemeinde vom Altar.

Als Kanzel bezeichnet man ein aus Stein oder Holz gefertigtes erhöhtes Podium, von dem aus die Schrift vorgelesen und Predigten gehalten werden. Insbesondere in protestantischen Kirchen, in denen der Lesung der Schrift zentrale Bedeutung im Gottesdienst zukommt, ist die Kanzel oft sehr auffällig platziert. Das im Westen übliche Kirchengestühl geht auf das Mittelalter zurück. Jahrhundertelang hatten die Gläubigen während der Messfeier gestanden, in den meisten Ostkirchen ist dies noch heute der Fall.

Wenngleich christliche Gotteshäuser üblicherweise als Kirchen bezeichnet werden, ist dies nicht der einzige Begriff. Historisch gesehen war eine Kathedrale (Kurzform für „Kathedralkirche") eine Kirche, die eine *Cathedra* enthielt, den Ehrensitz oder Thron eines Ortsbischofs. Kleinere, oft private Kirchen werden häufig Kapelle genannt (Lateinisch: *capella*, „kleiner Umhang"), nach einem mittelalterlichen Schrein in der Nähe von Tours, in dem der Umhang des heiligen Martin aufbewahrt wurde. Kapellen befinden sich auch neben dem Hauptschiff oder dem Altarraum größerer Kirchen, in öffentlichen Einrichtungen, manchmal auch in adeligen Residenzen.

Von Beginn an wurden christliche Gotteshäuser mit Skulpturen, Mosaiken, Fresken, Altarbildern und Glasfenstern geschmückt, wobei sich die Künstler oft von der Bibel inspirieren ließen. Für die vielen des Lesens unkundigen Menschen des Mittelalters dienten religiöse Darstellungen nicht nur der unmittelbaren Anschauung, sondern boten auch Hilfestellung bei Gebet und Andacht.

Zu den bemerkenswertesten architektonischen Elementen der romanischen und gotischen Dombauten Westeuropas zählen die Farbglasfenster, die den Innenraum in ein Farbenspiel tauchen. Manche der Fenster stellen Heilige dar oder biblische Ereignisse, andere zeigen abstrakte, geometrische Formen. Meist haben dergleichen Fenster symbolische Bedeutung: Dreiergruppen repräsentieren die Dreifaltigkeit, Vierergruppen die Evangelien usw. Soweit man Kirchen als Gotteshäuser begriff, führte dies im Mittelalter zu der Vorstellung, das Bauwerk selbst repräsentiere die Mutter Gottes, das „Gefäß" oder „Behältnis", in dem Gott Fleisch geworden war.

Im Verlauf der Entwicklungen gab es immer wieder Christen, die sich vehement dagegen wehrten, dass man die Kirche z. B. mit Bildern schmückte, da dies das biblische Verbot der Idolatrie (Bilder- oder Götzenverehrung; Exodus 20, 4) verletze. Im 8. Jh. gelang es den Ikonoklasten („Bilderstürmern") in der Ostkirche, ein mehrere Jahrzehnte währendes offizielles Verbot aller Ikonen durchzusetzen, während radikale Protestanten im 16. und 17. Jh. sämtlichen Schmuck aus Gotteshäusern zu entfernen versuchten. Die Nüchternheit vieler aus dem Mittelalter stammender Kathedralen im protestantischen Europa von heute ist meist das Ergebnis bilderstürmerischer Aktionen. Zuvor waren all diese Kirchen mit Fresken reich geschmückt.

Im Heiligen Land stehen viele Kirchen an Wirkungsstätten Jesu Christi. Alljährlich besuchen sie Tausende christliche Pilger (Wallfahrer). Auch außerhalb des Heiligen Landes gibt es zahlreiche Wallfahrtsstätten, wo meist Reliquien aufbewahrt werden, denen man bestimmte Kräfte zuschreibt. Wallfahrten (von Mittelhochdeutsch *wallen*, „umherschweifen") dienen u.a. der Andacht oder der Buße, mitunter danken die Gläubigen auf diese Weise einem Heiligen für dessen Fürsprache.

Zu den berühmtesten Wallfahrtsstätten zählen Santiago de Compostela in Spanien, wo der Überlieferung nach die Reliquien des Apostels Jakob (Spanisch: *Santiago*, von *Sant' Iago*) aufbewahrt werden, sowie die Kathedrale von Canterbury in England. Sie enthält die Grabstätte des heiligen Thomas Becket, der 1170 als Erzbischof von Canterbury ermordet wurde.

Viele Wallfahrtsorte entstanden dort, wo die Jungfrau Maria erschienen sein soll: Die bedeutendsten sind Fatima (Portugal), Lourdes (Frankreich) und Tschenstochau (Polen). In Lourdes, dem wohl bekanntesten Wallfahrtsort der Welt, erschien einem Bauernmädchen im Jahr 1859 in einer Grotte die heilige Jungfrau. Der Quelle, die daraufhin der Grotte entsprang, schreibt man geheimnisvolle Heilkräfte zu und alljährlich pilgern Tausende zur Rosenkranzkirche, die über der Grotte erbaut wurde.

Die Kirchen der Kaiserin Helena zu Bethlehem

„Die Kaiserin Helena widmete zwei Kirchen dem von ihr angebeteten Gott, davon eine an jener Grotte, in der der Heiland geboren ward und die andere auf dem Berge seiner Himmelfahrt. Denn jener, dessen Name ward ‚Gott mit uns', hatte sich herabgelassen, in einer Erdhöhle geboren zu werden und die Stätte seiner Geburt nannten die Hebräer Bethlehem. Folglich erwies die fromme Kaiserin mit raren Gedenkfeiern den Wehen jener die Ehre, die dieses himmlische Kind gebar, und sie verschönerte die geweihte Höhle mit allem nur denkbaren Glanz. Bald darauf bezeugte der Kaiser selbst seine Ehrerbietung für diesen Ort mit fürstlichen Gaben (...) Fürderhin ließ Kaiserin Helena ein stattliches Gotteshaus auf dem Ölberg errichten, im Andenken an seine Aufnahme in den Himmel (...) Und tatsächlich berichtet uns die verbürgte Geschichte, dass in jener Höhle der Erlöser seinen Jüngern seine Geheimnisse offenbarte (...) So errichtete Helena Augusta, die fromme Mutter eines frommen Kaisers, über den beiden (...) Höhlen zwei ehrwürdige und prächtige Andachtsstätten, würdig ewigen Gedenkens, zu Ehren Gottes, ihres Erlösers."

Aus: *Eusebius: Church History, Life of Constantine the Great, and Oration in Praise of Constantine*, von Ernest Cushing Richardson, in *A Select Library of Nicene and Post-Nicene Fathers*, Bd. 1, hrsg v. H. Wace und P. Schaff, Grand Rapids (Michigan) 1986, S. 162

Kommentar

Eusebius (um 260–339), der Verfasser dieses Textes, war Bischof von Cäsarea und gilt als der erste Kirchenhistoriker des Christentums. Im Jahr 313 proklamierte Kaiser Konstantin nicht nur die Duldung des Christentums, er begann auch, den Glauben zu fördern. Seine Mutter, Kaiserin Helena, spielte in der Geschichte der Christenheit eine wichtige Rolle, weil sie, so die Überlieferung, das Kreuz entdeckte, an dem Christus gestorben war. Darüber hinaus ließ sie Kirchen in Bethlehem und Jerusalem errichten. Der Textauszug bezieht sich auf die zwei Basiliken, die in Bethlehem auf ihre Initiative hin erbaut wurden.

Die Geburtskirche hat an ihrem östlichen Ende einen achteckigen Grundriss und wurde rings um jene Höhle gebaut, die als Geburtsstätte Jesu galt. Das Oktogon bezeichnet man als „Martyrium". Diesen griechischen Begriff verwendet man für alle Schreine an Orten, die im Zusammenhang mit dem Leben Jesu, der Jungfrau Maria oder eines Heiligen stehen. Martyrien sind in allen Teilen der frühchristlichen Welt zu finden. Gewöhnlich wurden sie unter der Schirmherrschaft des jeweiligen Kaisers errichtet.

Bei der zweiten Kirche handelt es sich um die kleine, auf dem Ölberg erbaute Eleona-Basilika. Helena wird auch der Bau der Grabeskirche in Jerusalem zugeschrieben. Alle drei Kirchen sind heute Wallfahrtsstätten.

Nikon

FESTE UND HEILIGE ZEITEN

In der christlichen Tradition wird der Heiligen sowie besonderer Ereignisse durch Festtage und Liturgien gedacht. Ein zyklisch angelegter Kalender verzeichnet die Ereignisse – auch Feste aus vorchristlicher Zeit sind aufgeführt. Die Rituale im Zusammenhang mit den jeweiligen Festtagen gestalten sich je nach Konfession recht unterschiedlich. In der mittelalterlichen Welt bestimmte allein der christliche Kalender den Lebensrhythmus der Menschen.

Bis heute pflegen alle Christen fest strukturierte Kirchenriten. Der liturgische Kalender gibt einen Jahreszyklus von Festtagen vor, die zwischen den beiden bedeutendsten Festen aller christlichen Konfessionen liegen: Weihnachten, die Feier der Geburt Jesu Christi, und Ostern, das Fest seiner Auferstehung von den Toten.

LINKS: Eine Prozession von Gläubigen aus Äthiopien durch die Altstadt von Jerusalem am Palmsonntag, dem Sonntag vor Ostern und dem ersten Tag der Karwoche. Gefeiert wird Jesu Christis triumphaler Einzug in Jerusalem, bei dem die Menschen Palmblätter vor ihm auf die Straße gestreut haben sollen.

Das Neue Testament lässt wenig Rückschlüsse auf den tatsächlichen Zeitpunkt der Geburt Jesu zu. Im Römischen Reich wurde die Wintersonnenwende (Solstitium) als Tag der „unbesiegbaren Sonne" (*sol invictus*) am 25. Dezember gefeiert. Dies war auch die Zeit der Saturnalien, eines bekannten römischen Volksfestes. Im späten 4. Jh., als Rom die heidnischen Feste abschaffte, feierte man Sol Invictus nun als den Tag der Geburt Jesu Christi – hatte dieser sich doch selbst als „Licht der Welt" bezeichnet (Johannes 8, 12).

Der 25. Dezember diente als Ausgangspunkt zur Berechnung weiterer wichtiger christlicher Festtage. So feiert man etwa Mariä Verkündigung am 25. März (Lukas 1, 26–38) – das Ereignis soll neun Monate vor der Geburt stattgefunden haben –, die Beschneidung (Lukas 2, 21), die nach jüdischem Gesetz innerhalb von acht Tagen nach Jesu Geburt erfolgen sollte, am 1. Januar und am 6. Januar Epiphanias, den Tag der Erscheinung des Herrn (Epiphanie oder Theophanie), an dem die Weisen aus dem Morgenland dem Messias ihre Aufwartung machten.

Angesichts der festlichen Weihnachtszeit vergisst man leicht, dass das höchste Fest der Christenheit tatsächlich Ostern ist, das Gedenken an den die Menschheit von ihren Sünden erlösenden Tod Jesu und seine Auferstehung. Als frommer Jude ging Jesus nach Jerusalem, um Pessach (oder Passah, Ökumenisch: *Pascha*) zu feiern. Von diesem Wort leitet sich auch heute noch (von den griechischen und lateinischen Begriffen) in vielen Sprachen das Wort für das Osterfest ab (z.B. *Pasqua, Pascuas, Pâques*). Nach Matthäus, Markus und Lukas handelt es sich beim „Letzten Abendmahl", das Christus mit seinen Aposteln feierte, um ein Pessach-Mahl. Im Anschluss daran zunächst verhaftet, wurde er schließlich vor Gericht gestellt, zum Tode verurteilt und am folgenden Tag hingerichtet. Den Christen gilt dieser Tag als „Karfreitag" (Mittelhochdeutsch: *kar*, „Klage, Trauer"). Jesus starb nach seiner Kreuzigung innerhalb weniger Stunden. Aufgrund des nahen Sabbats wurde der Leichnam in größter Eile bestattet.

Den Evangelien zufolge fand man das Grab am darauffolgenden Sonntag verlassen vor. Ein Götterbote (Engel) verkündete, Jesus sei von den Toten auferstanden. Der Auferstehung wird am Ostersonntag gedacht, dem bedeutendsten Festtag des Kirchenjahres. Viele der frühen christlichen Gemeinden feierten das Osterfest zur gleichen Zeit wie Pessach (14. Nisan des jüdischen Kalenders), doch die Kirche legte Ostern später auf den ersten Sonntag nach dem ersten Vollmond nach der Frühlingstagundnachtgleiche.

Die Woche vor Ostern wird als Karwoche bezeichnet. Sie beginnt mit dem Palmsonntag, an dem des Einzugs Jesu in Jerusalem gedacht wird, als die Menschen ihm zu Ehren Palmzweige auf den Weg streuten. In der östlich-

Junge Mädchen mit Kerzen in einer schwedischen Kirche in Pennsylvania (USA) am Fest der heiligen Lucia (13. Dezember). Dieser Tag wird in ganz Schweden als Lichterfest gefeiert.

---

orthodoxen und in der römisch-katholischen Kirche fällt in diese Woche auch der Gründonnerstag, zum Gedenken an den Tag, als Jesus seinen Jüngern die Füße wusch und mit ihnen das Letzte Abendmahl teilte (Johannes 13). Karfreitag erinnert an die Kreuzigung Jesu, gleichzeitig endet mit diesem Tag die vorösterliche Fastenzeit. An Karsamstag wird Jesus im Grabe gedacht und in der

Osternacht erwarten die Gläubigen in einem Nachtgottesdienst den Ostersonntag.

Dem Weihnachts- und dem Osterfest geht jeweils eine Zeit von besonderer Bedeutung voraus, die Advents- und die Fastenzeit. Im Advent (Lateinisch: *adventus*, „Ankunft") werden die bevorstehende Geburt bzw. die erwartete Wiederkunft des Messias gefeiert. Dem westlichen Kanon zufolge beginnt die Adventszeit am vierten Sonntag vor dem 25. Dezember, während sie in der östlich-orthodoxen Kirche die letzten 40 Tage vor Weihnachten umfasst. Einheitlich gilt jedoch in allen Kirchen der erste Adventssonntag als Beginn des Kirchenjahres und erster Sonntag im Jahreskreis. Die Fastenzeit beginnt 40 Tage vor Ostern, am Aschermittwoch und dient der inneren Einkehr. Zuvor wird vielerorts noch einmal mehrere Tage lang ausgelassen gefeiert. Diese Zeit, die meist am Donnerstag beginnt und am Dienstag (Französisch: *Mardi Gras*) endet, wird als Fastnacht („Vorabend der Fastenzeit") oder Karneval (möglicherweise vom Lateinischen *carne vale!*, „Fleisch, lebe wohl!") bezeichnet.

Auf Ostern folgt Pfingsten (Griechisch: *pentekoste*, „der 50. Tag, nach Ostern") das Fest zum Gedenken an die „Ausgießung" des Heiligen Geistes über den Jüngern Jesu (Apostelgeschichte 2, 1–4). Im Neuen Testament wird berichtet, dass dieses Ereignis mit Glossolalie („Zungenreden", ekstatisches Reden in fremden Sprachen) einherging. Für die östliche Christenheit sind zwei weitere Feiertage von großer Bedeutung: das Fest der Verklärung Christi (6. August) erinnert daran, dass Moses und Elias Jesus erschien (Matthäus 17, 1–13; Markus 9, 2–13; Lukas 9, 28–36) und Mariä Himmelfahrt (15. August). An diesem Tag gedenkt man der „Auffahrt" der Gottesmutter in den Himmel.

Im Laufe der Jahrhunderte brachten u. a. Feste zu Ehren regionaler Schutzheiliger erhebliche Unruhe in den kirchlichen Jahreskalender. Die protestantischen Kirchen schafften viele dieser Festtage ab, weil sie ihrer Ansicht nach nicht durch die Bibel zu begründen waren. In einigen Kirchenkalendern sind noch Festtage einzelner Heiliger erhalten, z. B. das Fest des heiligen Patrick, des Schutzpatrons der Iren (17. März), des heiligen Martin (11. November) oder des heiligen Nikolaus (6. Dezember). Papst Gregor XIII. führte 1582 ein System ein, das nicht nur die Feiertage der römisch-katholischen Kirche einheitlich ordnete, sondern auch den bis dahin gültigen julianischen Kalender reformierte, der damals bereits um zwölf Tage vom tatsächlichen Jahreslauf abwich. Bis zur Mitte des 18. Jh. hatten die meisten westeuropäischen Kirchen und Staaten die gregorianische Kalenderreform übernommen.

Auch in den Staaten Osteuropas gilt im Alltag der gregorianische Kalender, die orthodoxe Kirche allerdings richtet sich noch immer nach der julianischen Ordnung, sodass die zeitliche Differenz zwischen den Tagen, an denen die römisch-katholischen und die protestantischen Kirchen einerseits und die orthodoxen Kirchen andererseits Feste wie Weihnachten und Ostern feiern, immer größer wird. So fällt der 25. Dezember des julianischen Kalenders derzeit auf den 6. Januar des gregorianischen Kalenders.

In der christlichen Tradition hat das Wort Liturgie zwei verschiedene Bedeutungen. Zum einen bezieht es sich auf den einer festgelegten Struktur folgenden Gemeinschaftsgottesdienst, im Gegensatz etwa zu einer Vielzahl individueller Andachtsformen; zum anderen ist ein bestimmtes Ritual gemeint: Es heißt in den römisch-katholischen und östlich-orthodoxen Kirchen Eucharistiefeier (Kommunion, Abendmahl), während es von den protestantischen Kirchen Liturgie genannt wird, nämlich die Feier der Heiligen Schrift. Der Begriff Liturgie (Griechisch: *leitourgia*, „Werk des Volkes") verweist auf die in hohem Maße gemeinschaftsbezogenen Aspekte des christlichen Gottesdienstes. Dazu gehören beispielsweise das gemeinschaftliche Sprechen, Singen und Beten.

Das Christentum kennt zahlreiche Riten, die an das Leben und Wirken Jesu Christi erinnern und den Gläubigen so die Nähe zu Gott vermitteln sollen. Die Erfüllung dieser Riten ist meist mit bestimmten Abläufen verbunden und an bestimmte Glaubensinhalte und Praktiken geknüpft, etwa die Sakramente, das Fasten, das Lesen der Heiligen Schrift, im Voraus festgelegte Gebete, Vigilien („Nachtwachen“) und Wallfahrten. Für viele Mönche, Nonnen und Priester gehört konzentriertes Beten zu den täglichen Pflichten. In der römisch-katholischen Kirche folgt man dabei den Regeln, die im so genannten Brevier, dem „Stundengebetbuch“ verzeichnet sind. Demnach ist zu unterscheiden zwischen Laudes, Prim, Terz, None, Vesper, Komplet und Matutin.

Im Mittelpunkt der christlichen Riten stehen als „Sakramente“ bezeichnete Handlungen. Die meisten Christen stimmen darin überein, dass Jesus selbst zwei Sakramente einführte, nämlich die Taufe (Initiationsritus zur Aufnahme in die Gemeinschaft der Gläubigen) und die Eucharistie (das Abendmahl), das ritualisierte Gedenken an den Leidensweg Christi, die Passion. Beide Sakramente gaben innerhalb des Christentums Anlass zu heftigen Kontroversen zwischen den einzelnen Konfessionen. Die Taufe etwa, zu der das Eintauchen in bzw. das Übergießen mit Weihwasser zählt, wird in vielen Konfessionen bei Kleinkindern vollzogen und ist unmittelbar mit der Namensgebung verbunden. In anderen christlichen Glaubensgemeinschaften wiederum ist sie den Erwachsenen vorbehalten.

Des Weiteren ist die Bedeutung der Eucharistie (Griechisch: *eucharistia*, „Danksagung"), für viele das Grundsakrament des Christentums, ein strittiger Punkt. Römisch-katholische, östlich-orthodoxe und einige anglikanische Kirchen vertreten die Auffassung, das Brot (die Hostie) und der Wein, die an die Teilnehmer des Gottesdienstes verteilt werden, würden durch die vom Priester vollzogenen Handlungen, die „Wandlung" (Konsekration), tatsächlich in den Leib und das Blut Christi verwandelt. Diesen Vorgang bezeichnet man als Transsubstantiation („Wesenswandlung"). Die Lutheraner vertreten eine leicht abgewandelte Vorstellung (Konsubstantiation), derzufolge sich Leib und Blut Christi ohne Substanzveränderung mit Brot und Wein verbinden. Kalvinisten und viele Anglikaner glauben, dass sich Brot und Wein physisch nicht verändern, als Abendmahl jedoch die heilige Kraft von Leib und Blut vermitteln, was als Virtualismus bezeichnet wird. Die übrigen protestantischen Glaubensgemeinschaften verstehen die Eucharistie mehrheitlich als Gedenkfeier, bei der überhaupt keine Wandlung von Brot und Wein erfolgt.

In der römisch-katholischen und den östlich-orthodoxen Kirchen sind nur Getaufte zur Teilnahme an der Eucharistiefeier berechtigt. Diese Kirchen kennen im Übrigen noch fünf weitere Sakramente, mittels derer

Gottes Gnade im Leben der Gläubigen wirksam wird. Dabei handelt es sich um die Firmung (eine Erneuerung des Taufversprechens mit geweihtem Öl), das Bußsakrament (Beichte und Absolution, d. h. Sündenerlass), die Ehe, die Priesterweihe (die Verleihung priesterlicher Befugnisse) und die Letzte Ölung (Salbung Kranker und Sterbender). Den entsprechenden christlichen Traditionen zufolge sind die Sakramente nicht nur für den gesamten Lebensweg eines Gläubigen von Bedeutung, sie gelten auch als unerlässlich für dessen Erlösung. In den meisten protestantischen Konfessionen hingegen begreift man Taufe und Eucharistie aufgrund der biblischen Wurzeln zwar als Pflichtsakramente, doch bilden sie keine Voraussetzung für die Erlösung. In sämtlichen christlichen Konfessionen nimmt das Leben mit der Taufe seinen Anfang.

Im 2. Jh. verlegte man den christlichen Sabbat, auch „Tag des Herrn" (Offenbarung 1,10) genannt, vom letzten Tag der Woche, dem damals gebräuchlichen Verständnis nach ein Samstag, auf den ersten (Sonntag). So konnte man sich vom jüdischen Sabbat absetzen, um gleichzeitig daran zu erinnern, dass Jesus an diesem Wochentag wiederauferstanden war. Aus diesem Grund versammeln sich die Christen regelmäßig am Sonntag zum Gottesdienst, um das Abendmahl nachzufeiern. Die mit dem Tag des Herrn in Zusammenhang stehenden Rituale dienen in erster Linie dem Gedenken und der Feier des Opfers von Leib und Blut, das Jesus nach christlicher Auffassung für die Menschen erbrachte.

Die folgende, oft vom Priester zitierte Passage aus den Evangelien (Lukas 22, 19–20) ist Bestandteil der meisten christlichen Eucharistiefeiern: „Und er nahm das Brot, sprach das Dankgebet, brach es und gab es ihnen mit den Worten: ‚Das ist mein Leib, der für euch hingegeben wird. Tut dies zu meinem Gedächtnis!' Ebenso nahm er nach dem Mahle auch den Kelch und sprach: ‚Dieser Kelch ist der neue Bund in meinem Blute, das für euch vergossen wird.'" In allen christlichen Traditionen sind Sonntagsgottesdienste grundlegende Bestandteile des Kirchenjahrs.

Im Gottesdienst begegnet die traditionelle Weise des rituellen Umgangs mit dem christlichen Glauben. Daneben gibt es eine Vielzahl meist formlos und spontan vollzogener nichtliturgischer Riten, etwa das persönliche Gebet. Da diese Riten einen wichtigen Raum im Leben vieler Gläubiger einnehmen, zählen auch sie zu den geheiligten Zeiten. In den östlich-orthodoxen Kirchen spielt die Verehrung von Ikonen eine sehr große Rolle. Sie nehmen in den Haushalten einen besonderen Platz ein, wobei üblich ist, während des Gebets eine Kerze vor dem Tafelbild zu entzünden. Auch in der katholischen Kirche ist es Brauch, in Kirchen oder zu Hause Kerzen anzuzünden und zu beten.

Das Libretto zu Händels *Messias*

„Denn sieh, der Verheißene des Herrn erscheint auf Erden und sein Name heißt Emanuel: Gott mit uns (…) Das Volk, das da wandelt im Dunkel, es sieht ein großes Licht. Und die da wohnen im Schatten des Todes, ein strahlend Licht bescheinet sie (…)

Denn es ist uns ein Kind geboren, uns zum Heil ein Sohn gegeben, und die Herrschaft ist gelegt auf seine Schulter und sein Name soll heißen: Wunderbar, Herrlicher, der starke Gott, der Ewigkeiten Vater und Friedefürst (…)

Es waren Hirten beisammen auf dem Felde, die hüteten ihre Herden des Nachts. Und siehe, der Engel des Herrn trat zu ihnen, und die Klarheit des Herrn umleuchtete sie, und sie fürchteten sich sehr. Und der Engel sprach zu ihnen: ‚Fürchtet euch nicht! Ich bringe frohe Kunde von dem Heil, das da ward allen Völkern. Denn euch ist heut in Davids Stadt der Heiland geboren, der Heiland, welcher ist Christus der Herr.' Und alsobald war da bei dem Engel die Menge der himmlischen Heerscharen, die lobten Gott und sprachen: ‚Ehre sei Gott in der Höhe und Friede auf Erden und allen Menschen Heil!'"

Nach Matthäus 1,23; Jesaja 7,14; Jesaja 9,2 und 6; Lukas 2,8–11 und 13–14; zitiert nach: http://www.musikaltnikolai.de/dmessia2.html

Kommentar

Georg Friedrich Händel vollendete das Oratorium *Messias* im Jahr 1741 in nur 24 Tagen. Es wurde erstmals an Ostern – am 13. April 1742 – in Dublin aufgeführt. Als es ein Jahr später in London zur Aufführung gelangte, sprang König Georg II. beim Singen des Halleluja auf. Seitdem ist es üblich, dass sich das Publikum während dieses Teils des Konzerts erhebt.

Das Libretto wurde von Charles Jennens verfasst, der dazu Passagen aus dem Alten und Neuen Testament zusammenstellte, und dabei aus der „King James Version" der Bibel zitierte. In voller Länge aufgeführt, erstreckt sich das Oratorium über einen Zeitraum von vier Stunden. Es ist in drei Teile gegliedert. Der erste Teil handelt von Prophezeiung und Ankunft des Messias, der zweite vom Opfer Jesu für die Erlösung der Menschheit, während im dritten die Freude der Christenheit angesichts von Christi Sieg über den Tod thematisiert wird.

Mittels der Bibelzitate feiert man mit dem *Messias* das Kirchenjahr, von der Geburt Christi über die Leidensgeschichte bis hin zur Kreuzigung. Ursprünglich als Darlegung der Glaubensdoktrin für die Fastenzeit gedacht, gilt das Oratorium heute als eines der berühmtesten Stücke englischer Kirchenmusik. Es wird in ganz Europa insbesondere in der Weihnachtszeit häufig aufgeführt.

KAPITEL ACHT

TOD UND JENSEITS

Einen Kern des Christentums bildet der Glaube an ein ewiges Leben nach dem Tod. Dieser Glaube gründet auf Gottes erlösendem Wirken zur Rettung der Menschheit, das sich in der Fleischwerdung und Auferstehung Christi manifestiert hat und allen Gläubigen zuteil wird. Eine der meist zitierten Bibelstellen ist Johannes 3, 16: „Denn so sehr liebte Gott die Welt, dass er seinen eingeborenen Sohn hingab, damit jeder, der an ihn glaubt, nicht verloren gehe, sondern ewiges Leben habe." Der Glaube an das ewige Leben zeigt sich u.a. in den christlichen Bestattungsbräuchen und in vielen christlichen Liturgien verdeutlicht er sich im Beten des Credo. In der letzten Zeile der jeweiligen christlichen Glaubensbekenntnisse wird der Glaube an die Auferstehung von den Toten und das „ewige Leben" ausdrücklich bekräftigt.

LINKS: Eine Statue, die Passion („Leiden"), Tod und Auferstehung Christi darstellt, wird in einer Prozession während der Karwoche durch Sevilla getragen. Der christliche Glaube an die Unsterblichkeit der Seele ist eng verknüpft mit dem Glauben an Christi Auferstehung von den Toten.

Christen haben stets zwischen Leib und Seele unterschieden und darauf hingewiesen, Letztere sei vom Untergang des Leibes im Tod nicht betroffen. Der Glaube an das Überleben der Seele ist mit individuellen wie eschatologischen (auf die „letzten Dinge" bezogen, Griechisch: *eschatos*, „letzt" und *logos*, „Wort") Vorstellungen von der Unsterblichkeit verknüpft. Der christlichen Tradition zufolge wird Gott am Tag der Wiederkunft Christi über die Lebenden und die Toten zu Gericht sitzen und damit die Schöpfung vollenden sowie das Königreich des Himmels eröffnen.

Die Erlösung – die Seelenrettung und Versöhnung mit Gott – ist das höchste spirituelle Ziel eines Christen. Obwohl es unterschiedliche Auffassungen hinsichtlich der Deutungen des Wesens der Erlösung gibt, akzeptieren alle Christen die Vorstellung von der Unsterblichkeit der Seele. Die kalvinistische Prädestinationslehre („Vorherbestimmung" durch Gottes Gnadenwahl) ausgenommen, nach der nur ein ausgewählter Teil der Gläubigen erlöst wird, garantieren für die meisten protestantischen Konfessionen allein der Glaube des Menschen und dessen Hinwendung zu Jesu Christi die Erlösung. Obwohl es zwischen den Glaubensgemeinschaften Meinungsverschiedenheiten darüber gibt, wodurch ein Mensch Erlösung erlangt oder der Verdammnis verfällt, stimmt man doch in einem überein: Die Erlösten verbringen die Ewigkeit im himmlischen Paradies, während die Verdammten für alle Zeiten in der Hölle bestraft werden. Im Mittelalter gingen die Gläubigen von vier möglichen Bestimmungsorten für die Seele aus: Himmel, Hölle, Purgatorium (Fegefeuer) oder Limbus (Vorhölle). Im Alten Testament bezeichnet der Begriff „Himmel" das blaue Firmament, jene Region über den Wolken, in der Gott wohnt. Im Neuen Testament ist wiederholt vom „Himmelreich" und „Reich Gottes" die Rede. Diese Begriffe umfassen auch eine Reihe anderer Bedeutungen und beschreiben einen Ort, an dem die Gläubigen bei Gott sind. Die Christen von heute verbinden mit dem Himmel die Vorstellung von einem Zustand der Freude und der Herrlichkeit, ein Paradies der Seligkeit.

Sich gegen Gott zu stellen, führt hingegen zur ewigen Verdammnis in der Hölle. Im Verlauf der gesamten Geschichte der Christenheit stellte man sich die Hölle als einen Ort unsäglicher Qualen vor, als immerwährendes Inferno, das vom Teufel beherrscht wird. Die zur Hölle Verdammten bleiben Gott für alle Zeiten fern. So glaubte man, dass dieser Ort unsäglich weit vom Himmel entfernt sei.

Den Christen des Mittelalters galt das Fegefeuer (eine Eindeutschung des kirchenlateinischen *ignis purgatorius*, „reinigendes Feuer") als Ort, an dem jene Seelen, die weder verdammt noch frei von Sünde waren, nach dem Tod eine Weile zu leiden hätten und solcherart von ihren Sünden

Diese Emailletafel aus dem 13. Jh. vom Verduner Altar in der Abtei Klosterneuburg bei Wien (Österreich) zeigt die Auferstehung von den Toten.

gereinigt würden. Dieser Glaube wurzelte in der Vorstellung, Sünde und Gott seien nicht miteinander vereinbar und die Seele müsse folglich erst von ihren Sünden befreit werden, ehe sie ins himmlische Paradies aufgenommen werden könne. Der modernen römisch-katholischen Kirchenlehre nach ist das Fegefeuer als ein Zustand der Bestrafung zu denken, in den jene geraten, deren Seelen zum Zeitpunkt des Todes nicht von Sünde frei sind oder deren

Sünden im Sakrament der Buße durch Gott nicht erlassen wurden. Die Protestanten lehnen den Glauben an das Fegefeuer ab, weil die Bibel keine Grundlage dafür bietet.

Die traditionelle christliche Bestattungsform ist das Begräbnis. In den Beisetzungsriten kommt der christliche Glaube an die Auferstehung zum Ausdruck. Ebenso wie in anderen Religionen wird der Abschied von den Verstorbenen in ritueller Weise vorgenommen. Der Leichnam wird hergerichtet und aufgebahrt, anschließend begraben oder eingeäschert. Trauergottesdienste und Totenwachen sollen den Hinterbliebenen Trost spenden. Begräbnisse werden häufig mit einem gemeinsamen Mahl der Trauergemeinde, dem so genannten „Leichenschmaus" abgeschlossen.

In vielen Konfessionen gedenkt man der Toten in eigens zelebrierten Messen mit Gebeten und Festen, jedoch zu unterschiedlichen Zeiten. In der griechisch-orthodoxen Kirche fällt der Totengedenktag auf die *Sexagesima* (den achten Sonntag vor Ostern) oder den Tag vor Pfingsten, während die armenisch-orthodoxe Kirche der Toten am Ostermontag gedenkt. Das römisch-katholische Fest Allerseelen (2. November) geht auf den mittelalterlichen Totenkult zurück und war, gemeinsam mit Allerheiligen (1. November), das drittwichtigste Fest des Kirchenkalenders. Die deutschen evangelischen Kirchen ehren die Toten am letzten Sonntag des Kirchenjahres (Totensonntag).

Die Beisetzung der Verstorbenen

(Der Zelebrant) leitet die Beisetzung mit einem Gebet oder einem persönlichen Wort ein. Zum Einsenken des Sarges wird ein Schriftwort gesungen oder gesprochen:

„Ich bin die Auferstehung und das Leben. Wer an mich glaubt, wird leben, auch wenn er stirbt, und jeder, der lebt und an mich glaubt, wird in Ewigkeit nicht sterben."

„Nachdem es dem allmächtigen Gott gefallen hat, die Seele unseres Bruders zu sich zu nehmen, befehlen wir ihn der Gnade Gottes und legen seinen Leib in Gottes Acker – Erde zu Erde, Asche zu Asche, Staub zu Staub (dabei dreimaliger Erdwurf) – in gewisser Hoffnung der Auferstehung zum ewigen Leben durch unsern Herrn Jesus Christus, welcher unseren nichtigen Leib verklären wird, dass er ähnlich werde seinem verklärten Leibe nach der Wirkung, durch welche er kann auch alle Dinge ihm untertan machen."

Das erste Zitat entstammt der Liturgie der römisch-katholischen Begräbnisfeier; nach Johannes 11, 25–26; zitiert nach dem Einheitsgebets- und -gesangbuch *Gotteslob*, Stammausgabe: Katholische Bibelanstalt GmbH, Stuttgart 1975

Das zweite Zitat stammt aus: *The First and Second Prayer Books of Edward VI*, eingeleitet von Edgar C. S. Gibson, London, New York: J. M. Dent and E. P. Dutton, 1910

Kommentar

Der Glaube an ein Leben nach dem Tod ist ein grundlegender Bestandteil christlichen Glaubens, wie nicht zuletzt die Trauergottesdienste dokumentieren. Die weithin bekannte Sentenz „Asche zu Asche, Staub zu Staub“, die man oft bei Beerdigungen hört, stammt nicht aus der Bibel, sondern aus dem *Book of Common Prayer* der Anglikaner und Episkopalen. Diese der Volkssprache verpflichtete Sammlung von Riten und Gottesdiensten erschien erstmals 1549 und hatte enormen Einfluss auf das religiöse Leben der Christen. Obwohl sie seitdem vielfach überarbeitet wurden, sind umfangreiche Passagen der ersten wie auch der zweiten Auflage von 1552 bis heute aktuell geblieben, darunter auch die „Ordnung für die Bestattung der Toten“.

Zum Trauergottesdienst gehören Gesang, Bibellesungen, Gebete, eine Ansprache und Ehrbezeugungen. Obwohl die meisten Konfessionen heutzutage die Kremation (Einäscherung) zulassen, war die traditionelle Form der christlichen Beisetzung immer die Erdbestattung. Der Sarg wird in das Grab hinabgelassen und in diesem Augenblick spricht der Priester die Worte „Asche zu Asche, Staub zu Staub“, Worte, die auf einer ähnlichen Stelle in Genesis 3, 19 beruhen: „Staub bist du, und zum Staube sollst du heimkehren!“.

KAPITEL NEUN

RELIGION UND GESELLSCHAFT

Obwohl Glauben eine zutiefst persönliche Angelegenheit darstellt, wird der christliche Glaube weitgehend in Gemeinschaft praktiziert und dokumentiert zudem eine aktive Teilnahme am gesellschaftlichen Leben. Im gesamten Verlauf seiner Geschichte hat das Christentum die Werte und Normen der jeweiligen Gesellschaft insofern beeinflusst, als dass es Sitten und Gebräuche sowohl widerspiegelte als auch in Frage stellte. Die wissenschaftlichen und politischen Fragen der Welt von heute stellen Christen zunehmend vor schwierige ethische Entscheidungen. Widerstand gegen Diktaturen, Einsatz militärischer Technik, Fragen der Bioethik und Ökologie, Todesstrafe, Umgang mit Flüchtlingen und Asylbewerbern – all diese Themen werden in den christlichen Kirchen leidenschaftlich diskutiert.

LINKS: Der Bürgerrechtler, Theologe und Prediger Martin Luther King Jr. (1929–1968) war die prominenteste christliche Persönlichkeit in der US-Bürgerrechtsbewegung der 50er und 60er Jahre des 20. Jh. Sein leidenschaftlicher Einsatz für die Gleichberechtigung der Schwarzen war stark geprägt vom christlichen Glauben.

Die Bibel mahnt alle Christen, die weltlichen Gesetze zu befolgen. So heißt es etwa im Markusevangelium: „Was des Kaisers ist, gebt dem Kaiser, und was Gottes ist, Gott" (12, 17). Allerdings war das Verhältnis zwischen den maßgeblichen kirchlichen und weltlichen Institutionen im Laufe der Geschichte großen Schwankungen unterworfen. Die späten Kaiser des Römischen Reichs spielten in Kirchenfragen insofern eine große Rolle, als sie Konzilien einberiefen, Ketzer verfolgten und die Kirchenführer bestimmten. Diese Rolle ging im Osten auf die Kaiser von Byzanz über, im Westen auf die Kaiser des Heiligen Römischen Reichs, das im 10. Jh. gegründet und 1806 nach Jahrhunderten der Agonie von Napoleon formell abgeschafft wurde.

Im Mittelalter gewann der Klerus insbesondere im Westen immer größere politische Macht. Dies war eine Folge des im 11. und 12. Jh. zwischen den deutschen Kaisern und den Päpsten ausgetragenen „Investiturstreits". Dabei ging es u. a. um das Recht zur Einsetzung der Bischöfe, wobei die Geistlichkeit das alleinige Bestimmungsrecht in Kirchenangelegenheiten für sich sichern konnte. Mit der Reformation im 16. Jh. nahm die Entfremdung zwischen Staat und Kirche weiter zu. Nicht nur in den protestantischen Ländern (mit Ausnahme Englands) fielen die politischen bzw. gesetzgeberischen Befugnisse letztendlich an die weltlichen Herrscher.

Über alle Jahrhunderte hinweg entstanden bis in die Gegenwart hinein immer neue kirchenfeindliche Bewegungen, die den Reichtum der Kirchen oder den Missbrauch kirchlicher Macht anprangerten. Im 20. Jh. verfolgten beispielsweise französische, mexikanische und spanische Regierungen eine ausdrücklich antiklerikale Politik. Man erlegte der Geistlichkeit Beschränkungen auf und verstaatlichte Kirchenbesitz. Unter kommunistischen Regimen ist Atheismus ein fester Bestandteil der offiziellen Ideologie, was auch das Verbot jeglicher öffentlicher Religionsausübung bedeuten kann.

Obwohl alle christlichen Konfessionen ihrerseits Unabhängigkeit vom Staat einfordern, sind viele Christen gesellschaftlich engagiert. Zum zeitgenössischen christlichen Gedankengut gehört auch eine Reihe radikaler Ansätze. Reflektiert werden theologische Grundlagen, wobei im Hinblick auf Mittellose und Unterprivilegierte die Auffassung vertreten wird, die Theologie müsse praktische und politische Auswirkungen zeitigen.

Im 20. Jh. vertraten unterschiedlichste christliche Denker und Aktivisten provozierende soziale Ansichten. Protestanten wie Katholiken setzten sich für Auffassungen ein, denen zufolge jeder Christ gerechten sozialen Verhältnissen verpflichtet sei und sich nicht zuletzt gegen Menschenrechtsverletzungen zur Wehr zu setzen habe.

Die christliche Soziallehre wurzelt in dem Glauben, die Menschheit leide unter Problemen, die nur mithilfe der Religion zu lösen seien. Bewegungen wie die Heilsarmee, 1878 von William Booth (1829–1912) in Großbritannien gegründet, sind nicht nur im Zusammenhang mit der Errichtung von Krankenhäusern und Obdachlosenheimen tätig, sondern beweisen auch politisches Engagement, wenn es darum geht, gegen Ungerechtigkeit oder Rassendiskriminierung zu kämpfen. Die Heilsarmee ist in

Eine Mutter und ihr Kind erhalten Hilfe in einer von Ordensschwestern betriebenen Klinik in Mali. Viele Orden widmen sich der humanitären Hilfe in Entwicklungsländern.

erster Linie evangelikal ausgerichtet, während sich viele andere christliche Sozialbewegungen weniger um das Seelenheil ihrer Schützlinge sorgen als um deren körperliches und soziales Wohlergehen. Der christlichen Sozialethik verpflichtete Bewegungen werden oft von konservativer und fundamentalistischer Seite angegriffen, die ihrerseits eher an der Evangelisierung und an der Wahrung christlicher Werte interessiert sind.

Der Begriff „Befreiungstheologie" bezieht sich allgemein auf eine Vielzahl radikaler christlicher Glaubensrichtungen. Die Befreiungstheologie im engeren Sinne hat ihren Ursprung unter den Katholiken Lateinamerikas, die zur Beseitigung der Armut auf radikalen Wandel setzen und Jesus als Befreier der Unterdrückten begreifen. Die Befreiungstheologen stellen die alttestamentlichen Bücher Exodus (die Erzählung der Befreiung eines Volkes) und Hiob (die Leidensgeschichte eines einzelnen unschuldigen Menschen) in den Vordergrund. Manche römisch-katholische Kirchenführer kritisieren die Befreiungstheologie, weil die darin offenkundige Übernahme marxistischer Theorien den Glauben auf politische Agitation reduziere. Allerdings besitzt das politische Engagement von Christen eine lange Tradition – die christlich-sozialen Parteien in Deutschland oder im überwiegend katholischen Italien sind hier ein berühmtes Beispiel.

Die feministische Theologie wiederum geht davon aus, dass die traditionelle Theologie im Grunde patriarchalisch ausgerichtet ist. Wichtigstes Ziel der feministischen Theologinnen ist die Beseitigung von Unterdrückung aufgrund von Geschlecht, Rasse oder sozialer Herkunft sowie die volle Verwirklichung der Menschenrechte, wobei davon ausgegangen wird, dass die systematische Unterdrückung von Frauen überall im Christentum vorhanden sei. Im Zuge dieser Kritik greifen auch die feministischen Theologinnen auf die Schrift zurück, interpretieren sie allerdings neu, indem sie etwa versuchen, die Rolle der Frau in der Geschichte des Christentums in ihrer „wahren" Bedeutung aufzuzeigen. Die Priesterweihe für Frauen ist ein wichtiger Streitpunkt zwischen den Konfessionen: Während die meisten protestantischen Kirchen sie zulassen, wird sie von der römisch-katholischen und den orthodoxen Kirchen strikt abgelehnt.

Viele der Konflikte zwischen den christlichen Konfessionen gehen bis in die Zeit der Reformation oder sogar noch weiter zurück – etwa der Streit zwischen der römisch-katholischen und der orthodoxen Kirche auf dem Balkan. Auch die frühere Rassentrennungspolitik in den Südstaaten der USA und in Südafrika sorgte lange Zeit für heftigen Streit, wurde sie doch von den Kirchen in diesen Regionen teilweise befürwortet, von Kirchen außerhalb jedoch heftig bekämpft.

Seit dem 16. Jh. bzw. seit dem Zeitalter der Aufklärung gerieten grundlegende christliche Lehren nicht selten mit neuen wissenschaftlichen Erkenntnissen in Konflikt. Selbst nach anderthalb Jahrhunderten spalten „Kreationismus“ und Evolutionstheorie noch immer die Lager Gläubigen in einigen Teilen der Welt. Und in jüngster Zeit scheiden sich die Geister an Fragen der Bioethik bzw. der Gentechnik, etwa dem Klonen und der Stammzellenforschung.

Ebenso intensiv widmen sich die Christen der Auseinandersetzung mit Fragen des Umweltschutzes und materiellen Fortschritts, der Todesstrafe, der Abtreibung und den vielschichtigen Problemen im Zusammenhang mit Sexualität und Familie. Obwohl die Ehe in den protestantischen Kirchen nicht als Sakrament gilt, vergleicht die Christenheit den Bund zwischen Mann und Frau mit dem Verhältnis Christi zu seiner Kirche (Epheser 5, 22–33). Von Beginn an begriffen die Kirchen die Familie als unverzichtbar für die Weitergabe christlicher Wertvorstellungen; sowohl progressive als auch konservative Theologen bekräftigen die Bedeutung von Ehe und Familie für die Gesellschaft. Soweit es aber einzelne Gesetze zu Ehe, Sexualität und Familienleben betrifft, besteht große Uneinigkeit. Kontroversen zu Themen wie Gleichberechtigung, Familienplanung und Homosexualität werden die Christenheit wohl noch längere Zeit beschäftigen.

Die Genesis und *Die Bibel der Frau*

„Hier ist die erste Erzählung des heiligen Historikers von der Entstehung der Frau; eine gleichzeitige Schöpfung beider Geschlechter, im Abbild Gottes (…)

Doch (in der Doktrin der Dreifaltigkeit erschienen) statt dreier männlicher Persönlichkeiten (…) ein himmlischer Vater, eine himmlische Mutter und ein himmlischer Sohn (…) vernünftiger (…) Wenn die Sprache irgendeine Bedeutung hat, dann finden wir in diesen Texten eine deutliche Erklärung des weiblichen Elements in Gott, dem männlichen in Kraft und Herrlichkeit gleichgestellt (…)

So erklärt die Schrift, ebenso wie Wissenschaft und Philosophie, die Ewigkeit und Gleichheit des Geschlechts als philosophische Tatsache, ohne die es keine Erhaltung der Schöpfung gäbe (…), kein Erwachen und auch keinen Fortschritt in der Welt des Denkens.

Die männlichen und weiblichen Elemente (…) sind für die Erhaltung des Gleichgewichts im Universum ebenso unabdingbar wie positive und negative Elektrizität, als Gesetze der Anziehung, die alles zusammenbinden, was wir kennen auf diesem Planeten, auf dem wir wohnen."

Aus einer Diskussion von Genesis 1,26–28; zitiert nach *The Woman's Bible* von Elizabeth Cady Stanton, Vorwort von Maureen Fitzgerald, Boston (MA) 1993, S. 14–15

Kommentar

Die Verfasserin dieses biblischen Kommentars zu Genesis 1, 26–28 („Dann sprach Gott: ‚Lasset uns Menschen machen nach unserem Abbild'") aus *The Woman's Bible* („Die Bibel der Frau") heißt Elizabeth Cady Stanton, eine führende Frauenrechtlerin, bahnbrechende Theologin und Bibelkennerin. Sie wurde in Johnstown im Staat New York am 12. November 1815 als Tochter eines Richters geboren. Von frühester Jugend an interessierte sie sich für Gesetze, die Frauen diskriminierten.

1895 war sie Mitglied eines Revisionsausschusses, der an *The Woman's Bible* arbeitete, einem vollständigen Kommentar zu den Texten des Alten und des Neuen Testaments. Stanton und ihre Kolleginnen beabsichtigten mit ihrem Kommentar, die gängige Bibelexegese zu berichtigen. Nach einer kurzen Einführung ist dies die erste Bibelstelle, die kommentiert wird, vermutlich aufgrund ihres Bezugs zur Erschaffung von Mann und Frau. Die Frauenbibel stützte sich übrigens auf die englische Bibelübersetzung von Julie Smith aus dem Jahr 1888.

The Woman's Bible gilt als erster feministischer Bibelkommentar. Während sie von modernen Gelehrten noch immer als bahnbrechendes Werk zitiert wird, war Stantons Interpretation zum Zeitpunkt der Erstveröffentlichung heftiger Kritik von Seiten der Kirche ausgesetzt.

GLOSSAR

Apokryphen Heilige Schriften, die nicht als Bestandteil des biblischen Kanons anerkannt werden.

Befreiungstheologien Radikale christliche Glaubensrichtungen, die Jesus als Befreier der Unterdrückten betrachten und soziale Veränderungen fordern, um Armut und Diskriminierung zu beseitigen.

Bibel Heiligste Schrift des Christentums, unterteilt in Altes Testament (hebräische Bibel, 39 Bücher) und Neues Testament (27 Bücher).

Christus Griechische Übersetzung (*christos*) des hebräischen Wortes *maschiach* (Messias: der Gesalbte) als Bezeichnung für die Person, die von Gott gesandt wurde, das Ende der gegenwärtigen Welt und den Beginn des Reiches Gottes zu verkünden.

Dreifaltigkeit Auch Dreieinigkeit oder Trinität; eine zentrale Doktrin des Christentums, die besagt, dass es einen Gott gibt, der aus drei Personen (Vater, Sohn, Heiliger Geist) besteht, die als ein Wesen angebetet werden.

Eucharistie Auch Heilige Kommunion oder Abendmahl: Ein Sakrament, das des Letzten Abendmahls gedenkt, als Jesus Brot und Wein nahm mit den Worten „Dies ist mein Leib" bzw. „Dies ist mein Blut". Die Bedeutung der Eucharistie ist umstritten, doch für viele Gläubige wurden das Brot („Hostie") und der Wein, die die Gläubigen empfangen, durch die vom Priester vollzogene Konsekration (Weihe) in den Leib und das Blut Christi verwandelt.

Evangelien (Griechisch: „Frohbotschaft") Die ersten vier Bücher des Neuen Testaments, verfasst von Matthäus, Markus, Lukas und Johannes (den „Evangelisten"). Sie beschäftigen sich mit dem Leben und Wirken Jesu.

Evangelikalismus Eine Bewegung, deren Anhänger sich als „Wiedergeborene" betrachten.

Heiliger Geist Die dritte Person der Dreifaltigkeit. Dem Geist wird nachgesagt, in Schlüsselmomenten des irdischen Daseins Jesu anwesend gewesen zu sein. Die Apostelgeschichte erwähnt zahlreiche Fälle von Heilungen, Prophezeiungen, Teufelsaustreibungen und Zungensprechen, die allesamt mit dem Heiligen Geist in Verbindung gebracht werden.

Kirchenväter Männliche Theologen der frühen Christenheit (um 200–500 n. Chr.), die die Formulierung der christlichen Glaubenslehre entscheidend prägten.

marianisch Zu Maria, der Mutter Christi, gehörend oder sie betreffend.

Pentateuch Auch Bücher Mose; die ersten fünf Bücher des Alten Testaments.

Sakrament Eine Weihehandlung, die die Gnade Gottes vermitteln soll.

Septuaginta Die griechische Übersetzung der hebräischen (jüdischen) Bibel, die nach den 70 (Lateinisch: *septuaginta*) Gelehrten benannt wurde, die sie im ägyptischen Alexandria verfasst haben sollen.

BIBLIOGRAFIE

Aland, Kurt: *Geschichte der Christenheit*, Bd. 1: *Von den Anfängen bis an die Schwelle der Reformation*; Bd. 2: *Von der Reformation bis in die Gegenwart*, Gütersloh: Gerd Mohn, 1982

Brown, Peter: *The Rise of Western Christendom: Triumph and Diversity, 200–1000 AD*. Oxford: Blackwell, 1997

Carson, D.A.; Moo, Douglas J.; Morris, Leon: *An Introduction to the New Testament*, überarbeitete Ausgabe, Grand Rapids (Michigan): Zondervan, 1994

Chadwick, Owen: *Die Geschichte des Christentums*, Stuttgart: Deutsche Verlags-Anstalt, 1996

Clark, Elizabeth; Richardson, Herbert: *Women and Religion. A Feminist Sourcebook of Christian Thought*, New York: Harper and Row, 1977

Copleston, Frederick: *A History of Christian Philosophy in the Middle Ages*, London: Sheed and Ward, 1978

Cross, Lawrence: *Eastern Christianity: The Byzantine Tradition*, Philadelphia: E.J. Dwyer, 1988

Fischer, Helmut: *Schnellkurs Christentum*, Köln: DuMont, 2001

Johnson, Paul. *A History of Christianity*, New York: Atheneum, 1976

Kraus, Georg: *Jesus Christus – Der Heilsmittler. Grundrisse zur Dogmatik. Lehrbuch zur Christologie*, Frankfurt/M.: Verlag Josef Knecht/Karl Alber, 2005

Küng, Hans: *Christ sein*, München: Piper, 1976

Langer, Michael: *Die theologische Hintertreppe. Die großen Denker der Christenheit*, München: Pattloch, 2005

McGinn, Bernard. *The Foundations of Mysticism*, New York: Crossroad, 1992

McGrath, Alister E: *Christian Theology: An Introduction*, Oxford: Blackwell, 1996

McLaren, Robert Bruce: *Christian Ethics: Foundations and Practice*, Englewood Cliffs (New Jersey): Prentice-Hall, 1994

Möller, Bernd: *Geschichte des Christentums in Grundzügen*, Göttingen: Vandenhoeck & Ruprecht, 1965

Nocke, Franz-Josef: *Liebe, Tod und Auferstehung. Die Mitte des christlichen Glaubens*, München: Kösel, 2005

Nocke, Franz Josef; Anselm, Reiner (Hrsg.): *Was bekennt, wer heute das Credo spricht?* Regensburg: Verlag Friedrich Pustet, 2000

Porter, J.R.: *Jesus Christ*, London, New York: Duncan Baird Publishers, Oxford University Press, 1999

Porter, J.R.: *The Lost Bible*, London, New York: Duncan Baird Publishers, Oxford University Press, 2001

Rademacher, Cay: *Wer war Jesus? Der Mensch und der Mythos*, Hamburg: Ellert & Richter, 2005

Reber, Joachim: *Das christliche Menschenbild*, Augsburg: Sankt Ulrich Verlag, 2005

Schweitzer, Albert: *Geschichte der Leben-Jesu-Forschung*, Tübingen: UTB, Mohr Siebeck, 1984

Sölle, Dorothee; Schottroff, Luise: *Jesus von Nazaret*, München: dtv, 2000

REGISTER

A

B

C

D

E

F

DANKSAGUNG UND BILDNACHWEIS

Die Bibelzitate in dieser Ausgabe stammen aus der so genannten „Einheitsübersetzung“: *Die Bibel. Altes und Neues Testament*, Freiburg, Basel, Wien: Herder, 1980

Für den Abdruck der folgenden Textauszüge danken wir:

Aspekte des Göttlichen, S.32: *Kompendium der Glaubensbekenntnisse und kirchlichen Lehrentscheidungen*, von Heinrich Denzinger, hrsg. v. Peter Hünermann u.a., 40. Aufl., Freiburg: Herder, 2005

Heilige Orte, S.72: aus *Eusebius: Church history, Life of Constantine the Great, and Oration in praise of Constantine* von Ernest Cushing Richardson, in *A Select Library of the Nicene and Post-Nicene Fathers of the Christian Church*, Bd. 1, hrsg. v. P. Schaff und H. Wace, (Nachdruck) William B. Eerdmans: Grand Rapids, Michigan, 1986, S.162

Tod und Jenseits, S.94: erstes Zitat aus dem Einheitsgebets- u. -gesangbuch *Gotteslob*, Stammausgabe: Katholische Bibelanstalt GmbH, Stuttgart 1975; zweites Zitat aus *The First and Second Prayer Books of Edward VI*, eingeleitet von Edgar C.S. Gibson, J.M. Dent and E.P. Dutton: London, New York 1910.

Religion und Gesellschaft, S.104: aus *The Woman's Bible* von Elizabeth Cady Stanton, Vorwort von Maureen Fitzgerald, Northeastern University Press: Boston 1993, S.14–15

Der Verlag dankt den folgenden Personen, Museen und Archiven für die erteilten Reproduktionsgenehmigungen:

Seite 2 Getty images/Stone/Joe Cornish; **8** Corbis SABA/Thomas Hartwell; **10** AKG images/ Chilandar-Kloster auf dem Berg Athos; **16** AKG images/Dom zu Aachen; **22** Art Archive/National Gallery Budapest/Dagli Orti (A); **26** Bridgeman Art Library/Alinari/Santa Maria della Vittoria, Rom; **34** AKG/Joseph Martin; St.-Thomas-Kloster, Avila; **38** AKG images/British Library; **44** Magnum Photos/Susan Meiselas; **48** AKG images/Erich Lessing/ Uffizien; **54** AKG images/ Gemäldegalerie, Berlin; **58** Corbis/Richard T. Nowitz; **62** Sonia Halliday Photographs; **67** Corbis/ Bob Krist; **74** Corbis/Hanan Isachar; **78** Corbis/Ted Spiegel; **88** Corbis/Charles & Josette Lenars; **92** AKG images/Erich Lessing; **96** Corbis/ Bettmann; **100** Magnum Photos/Abbas